何为共同富裕

共同富裕是社会主义的本质要求

任仲文◎编

人民日报出版社

北京

图书在版编目（CIP）数据

何为共同富裕 / 任仲文编. — 北京：人民日报出版社，2021.12
ISBN 978-7-5115-7195-3

Ⅰ.①何… Ⅱ.①任… Ⅲ.①共同富裕－中国－文集
Ⅳ.① F124.7-53

中国版本图书馆 CIP 数据核字（2021）第 245496 号

书　　名：何为共同富裕
　　　　　HEWEI GONGTONG FUYU
编　　者：任仲文
出 版 人：刘华新
策 划 人：欧阳辉
责任编辑：曹　腾　季　玮
版式设计：九章文化
出版发行：人民日报出版社
社　　址：北京金台西路 2 号
邮政编码：100733
发行热线：(010) 65369509　65369527　65369846　65363528
邮购热线：(010) 65369530　65363527
编辑热线：(010) 65369523
网　　址：www.peopledailypress.com
经　　销：新华书店
印　　刷：大厂回族自治县彩虹印刷有限公司
法律顾问：北京科宇律师事务所　010-83622312

开　　本：710mm×1000mm　1/16
字　　数：125 千字
印　　张：10.75
版　　次：2022 年 1 月第 1 版　2022 年 3 月第 2 次印刷
书　　号：ISBN 978-7-5115-7195-3
定　　价：46.00 元

前　言

　　共同富裕，是社会主义的本质要求，是中国式现代化的重要特征。实现共同富裕，不仅是经济问题，而且是关系党的执政基础的重大政治问题；不仅是发展目标，而且是我们党坚持全心全意为人民服务根本宗旨的重要体现。习近平总书记强调："必须把促进全体人民共同富裕摆在更加重要的位置，脚踏实地，久久为功，向着这个目标更加积极有为地进行努力"。

　　让人民群众真真切切感受到共同富裕不仅仅是一个口号，而是看得见、摸得着、真实可感的事实。中国特色社会主义进入新时代，以习近平同志为核心的党中央把握发展阶段新变化，把逐步实现全体人民共同富裕摆在更加重要的位置上，推动区域协调发展，采取有力措施保障和改善民生，打赢脱贫攻坚战，全面建成小康社会，为促进共同富裕创造了良好条件。

　　2021年11月11日，中国共产党第十九届中央委员会第六次全体会议通过的《中共中央关于党的百年奋斗重大成就和历史经验的决议》提出，"必须坚持以人民为中心的发展思想，发展全过程人民民主，推动人的全面发展、全体人民共同富裕取得更为明显的实质性进展",强调到21世纪中叶"全体人民共同富裕基本实现"。

  如何全面、准确理解共同富裕？怎样才能更好实现共同富裕？在未来的新征程上，扎实推进全体人民共同富裕，党员、干部不仅要全面理解其深刻内涵，而且要科学把握其内在要求，找准实现共同富裕的着力点。为帮助广大党员干部更好地认识和把握共同富裕，人民日报出版社汇编《何为共同富裕》一书，对上述问题进行了深入阐释和解读。由于时间仓促，汇编过程中难免挂一漏万，敬请读者指正，以期不断完善。

目　录

促进全体人民共同富裕是一项长期任务
　　人民日报评论部 …………………………………………………… 1

既要"富口袋"也要"富脑袋"
　　人民日报评论部 …………………………………………………… 4

保护合法致富　鼓励回报社会
　　人民日报评论部 …………………………………………………… 7

既要尽力而为也要量力而行
　　人民日报评论部 …………………………………………………… 10

共同富裕要靠共同奋斗
　　人民日报评论部 …………………………………………………… 13

深刻理解共同富裕是社会主义的本质要求
　　顾海良 ……………………………………………………………… 15

共同富裕是中国式现代化的重要特征
　　张占斌 ·················· 19

基本经济制度探索与共同富裕道路
　　政武经 ·················· 23

在高质量发展中促进共同富裕
　　马建堂 ·················· 30

理解共同富裕的丰富内涵和目标任务
　　李　毅 ·················· 35

如何理解共同富裕自古以来就是中国人民的夙愿
　　高　翔 ·················· 39

共同富裕要"积小胜为大胜"
　　白弈非 ·················· 44

全面准确理解共同富裕的深刻内涵
　　金观平 ·················· 47

共建共享才能走向共富
　　金观平 ·················· 50

牢牢把握为人民谋幸福的着力点
　　金观平 ·················· 53

正确理解共同富裕的基础性制度安排
　　金观平 ·················· 56

目录

事关党的执政基础的重大政治问题
  金观平 …… 59

尊重经济社会发展规律循序渐进
  金观平 …… 62

多措并举扩大中等收入群体
  金观平 …… 65

建设收入分配制度改革试验区助推共同富裕
  李 实 杨一心 …… 68

推动共同富裕取得更为明显的实质性进展
  王明姬 …… 76

人民精神生活共同富裕不可或缺
  北京市习近平新时代中国特色社会主义思想研究中心 …… 81

在接续奋斗中实现共同富裕
  河北省中国特色社会主义理论体系研究中心 …… 85

促进共同富裕需把握好几个关系
  王艺苑 …… 90

乡村振兴是实现共同富裕必经之路
  何自力 …… 93

为实现共同富裕凝聚文化力量
  牛家儒 张佑嘉 …… 98

在高质量发展中促进共同富裕
　　蔡　昉 ………………………………………… 101

结合经济社会发展规律理解"先富共富论"
　　贾　康 ………………………………………… 105

深刻把握共同富裕的科学内涵
　　曹江秋 ………………………………………… 108

发挥基本公共服务兜底和赋能双重作用
　　刘　旭　顾　严 ……………………………… 113

构建橄榄型分配结构
　　上海市习近平新时代中国特色社会主义思想研究中心 ………… 119

促进共同富裕为什么必须坚持以人民为中心的发展思想
　　韩庆祥 ………………………………………… 123

扎实推进共同富裕取得更为明显的实质性进展
　　王昌林　贾若祥 ……………………………… 128

以人民为中心推动共同富裕
　　曹　普 ………………………………………… 133

全方位夯实共同富裕的基础
　　孔伟艳 ………………………………………… 139

城乡融合推动共同富裕
　　孙长学　刘晓萍 ……………………………… 142

拓展阅读

勇当长三角一体化发展开路先锋
  袁家军 …………………………………………………… 147

乡村运营激活山乡经济
  ——"共同富裕看浙江"之一
  黄　平　柳　文 ………………………………………… 152

美好生活触手可及
  ——"共同富裕看浙江"之二
  黄　平　柳　文 ………………………………………… 156

光影交织兴产业
  ——"共同富裕看浙江"之三
  柳　文　黄　平 ………………………………………… 159

促进全体人民共同富裕是一项长期任务

人民日报评论部

在中国发展壮阔历程中，走向共同富裕始终是温暖人心的目标。建成世界上规模最大的社会保障体系；脱贫攻坚战取得全面胜利，现行标准下近1亿农村贫困人口全部脱贫……中国奇迹之所以震撼人心，不仅在于规模和速度，更在于始终坚持共同富裕，让发展的阳光照进每个人的生活。

共同富裕是社会主义的本质要求，是中国式现代化的重要特征。习近平总书记强调："必须把促进全体人民共同富裕摆在更加重要的位置，脚踏实地，久久为功，向着这个目标更加积极有为地进行努力。"在迈向现代化的过程中，我们始终坚持以人民为中心的发展思想，始终坚持发展为了人民、发展依靠人民、发展成果由人民共享，追求"让改革发展成果更多更公平惠及全体人民"的共同富裕，彰显了正确的发展观、现代化观。实现共同富裕不仅是经济问题，而且是关系党的执政基础的重大政治问题；不仅是发展目标，而且是我们党坚持全心全意为人民服务根本宗旨的重要体现。

改革开放后，我们党深刻总结正反两方面历史经验，认识到贫穷不是社会主义，打破传统体制束缚，允许一部分人、一部分地区先富起来，推动解放和发展社会生产力。党的十八大以来，以习近平同志为核心的党中央把逐步实现全体人民共同富裕摆在更加重要的位置上，采取有力措施保障和改善民生，打赢脱贫攻坚战，全面建成小康社会，为促进共同富裕创造了良好条件。现在，我们正在向第二个百年奋斗目标迈进，适应我国社会主要矛盾的变化，更好满足人民日益增长的美好生活需要，必须把促进全体人民共同富裕作为为人民谋幸福的着力点，不断夯实党长期执政基础。

正确认识历史方位和发展阶段，是我们制定路线方针政策的根本依据。考虑到我国仍处于社会主义初级阶段，仍是发展中国家，发展不平衡不充分问题仍然突出，因此促进全体人民共同富裕是一项长期任务，对其长期性、艰巨性、复杂性要有充分估计。要看到，实现共同富裕是一个在动态中向前发展的过程，不可能一蹴而就，也不可能齐头并进。共同富裕不是同时同步富裕，区域、城乡及个体间存在适度差异是正常的，不能要求所有地区、所有人同时富裕；共同富裕也不是同等富裕，不能要求不同区域、不同人群都达到全国一致的收入和生活水平。"富裕"体现效率、要求做大蛋糕，"共同"体现公平、要求分好蛋糕，我们追求共同富裕是统筹效率和公平，在不断做大蛋糕的过程中分好蛋糕，在高质量发展中促进共同富裕。

共同富裕是全体人民的富裕，不是少数人的富裕，也不是整齐划一的平均主义，要分阶段促进共同富裕。这就既要有长远眼光，也要有务实行动；既要有目标意识，也要有过程意识；既要有共性目标，也要有个性路径。各个地方实际情况各异、发展水平不同，要统筹考虑需要和可能，因时因势因地制宜设定发展目标，作出政策设计安排，按照经济社会发展规律循序渐进。同时，实现共同富裕也是一项现实任务，这项工作不能等。要自觉主动解决地区差距、城乡差距、收入差距等问题，推动社会全面进步和人的全面发展，促进社会公平正义，让发展成果更多更公平惠及全体人民，不断增强人民群众获得感、幸福感、安全感，让人民群众真真切切感受到共同富裕不仅仅是一个口号，而是看得见、摸得着、真实可感的事实。

为人民谋幸福、为民族谋复兴，是我们党领导现代化建设的出发点和落脚点。坚持以人民为中心的发展思想，在高质量发展中促进共同富裕，我们就一定能汇聚起14亿多中国人民的磅礴力量，实现中华民族伟大复兴的中国梦。

《人民日报》（2021年10月12日 04版）

既要"富口袋"也要"富脑袋"

人民日报评论部

在金华浦江乡村戏台边听婺剧经典折子戏，在衢州柯城美术馆欣赏色彩明丽的农民画，在温州瓯江两岸打卡 24 小时不打烊的自助城市书房，在东阳横店影视实景拍摄基地领略光影魅力……浙江在高质量发展建设共同富裕示范区的过程中，始终坚持"打造新时代文化高地，丰富人民精神文化生活"。一处处别具特色的文化地标、一个个亮丽怡人的文化景观生动说明，共同富裕不仅需要物质富裕，更意味着精神丰盈。

共同富裕是全体人民的富裕，是人民群众物质生活和精神生活都富裕。习近平总书记强调："只有物质文明建设和精神文明建设都搞好，国家物质力量和精神力量都增强，全国各族人民物质生活和精神生活都改善，中国特色社会主义事业才能顺利向前推进。"扎实推进共同富裕，一个重要方面就是要处理好"富口袋"和"富脑袋"的关系，既要家家"仓廪实衣食足"，实现物质生活水平提高，也要人人"知礼节明荣辱"，实现精神文化生活丰富，最终促进人的全面发展和社会全面进步。

客观来看，实现共同富裕是一个物质积累的过程，也是一个精神丰实的过程，两者相辅相成、缺一不可。物质富裕是精神富足的基础，能够为精神文明建设提供物质条件；反过来看，更高水平的精神文明建设，可以为物质文明建设提供精神动力。正因如此，中国式现代化强调物质文明和精神文明协调发展、物质力量和精神力量全面增强、人民群众物质生活和精神生活同步改善；共同富裕具有鲜明的时代特征和中国特色，明确要求普遍达到生活富裕富足、精神自信自强、环境宜居宜业、社会和谐和睦、公共服务普及普惠。推进共同富裕，必须实现物质富裕和精神富足的统一。

今天，精神文化生活的丰富程度已成为衡量人民幸福指数的重要标尺和满足人民对美好生活向往的关键因素。全面建设社会主义现代化国家，比以往任何时候都更加需要价值的引领、文化的滋养、精神的支撑。"十四五"规划和2035年远景目标纲要提出："加强社会主义精神文明建设，培育和践行社会主义核心价值观，推动形成适应新时代要求的思想观念、精神面貌、文明风尚、行为规范。"新征程上，在关注增加城乡居民收入等情况的同时，也要关注满足人民文化需求、增强人民精神力量，促进人民精神生活共同富裕，强化社会主义核心价值观引领，不断满足人民群众多样化、多层次、多方面的精神文化需求。

当前，随着经济社会发展和人民生活水平提高，人民群众对精神文化生活的期待也水涨船高。一方面，必须提升文明素养、弘扬时代新风、涵养道德情操、培育心灵家园、丰富精神生活，以正确理想信念、价值理念、道德观念自觉抵御精神贫困和心灵空虚，遏制拜金主义、低俗媚俗等不良风气；另一方面，必须加大服务供给、优化资源配置，推进城乡公共文化服务体系一体建设，主动解决地区差距、城乡差距、收入差距等问题，促进基本公共文化服务均等化，使全体人民共享改革发展成果和幸福美好生活。

实现民族复兴，既需要强大的物质力量，也需要强大的精神力量。引导和推动全社会树立文明观念、提高文明程度、形成文明风尚，才能在实现物质文明层面的共同富裕之时，同时实现精神生活层面的共同富裕，不断增强人民群众的获得感、幸福感、安全感。

《人民日报》（2021年10月13日 03版）

保护合法致富　鼓励回报社会

人民日报评论部

在打赢脱贫攻坚战的过程中,"万企帮万村"行动蓬勃开展。很多企业投身其中,通过扶持产业、美化村居等方式参与扶贫,仅东部地区企业赴扶贫协作地区累计投资就达1万多亿元。"万企帮万村"行动,既彰显了企业的社会责任,也为脱贫攻坚注入动力,更说明"先富带后富"的巨大潜力。

实现全体人民共同富裕,是我们党矢志不渝的奋斗目标。同时也要看到,由于我国地区之间资源禀赋和发展基础不同,共同富裕不能整齐划一、齐头并进,而要循序渐进分阶段促进。共同富裕不是同时同步同等富裕,在具体的实现路径上需要鼓励一部分人、一部分地区先富起来,先富带后富、帮后富,逐步实现共同富裕。"先富带后富"是一个逻辑整体,既要鼓励"先富",激发发展活力;也要带动"后富",体现社会公平。我们要切实保护劳动所得,保护产权和知识产权,保护合法致富,充分调动企业家积极性,促进各类资本规范健康发展。同时,也要加强公益慈善事业规范管理,完善税收优惠政策,鼓励高收入人群和企业更多回报社会。

改革开放以来,从提出"允许一些地区、一些人先富起来",到搞活乡镇企业和私营经济；从实行按劳分配为主体、多种分配方式并存的分配制度，到建立社会主义市场经济体制，一系列改革举措为经济快速增长创造了条件，激发创造热情、点燃创业激情，为更多人创造致富机会。特别是党的十八大以来，以习近平同志为核心的党中央围绕优化营商环境、支持民营经济健康发展、为中小企业纾困解难等出台了一系列重要改革举措，营造良好的法治环境和营商环境，进一步增强了经济发展的活力、拓展了社会创造财富的空间。包括近期出台的一系列监管举措，也是为了促进相关行业、相关企业更加健康、更可持续、更为长远的发展。我们立足社会主义初级阶段，坚持基本经济制度，坚持"两个毫不动摇"，坚持公有制为主体、多种所有制经济共同发展，允许一部分人先富起来，先富带后富、帮后富，重点鼓励辛勤劳动、合法经营、敢于创业的致富带头人。

从长远来看，鼓励先富，最终目的是为了逐步实现共同富裕。企业既有经济责任、法律责任，也有社会责任、道德责任。任何企业存在于社会之中，都是社会的企业。社会是企业家施展才华的舞台。只有真诚回报社会、切实履行社会责任的企业家，才能真正得到社会认可，才是符合时代要求的企业家。近年来，在公益事业中用心用力，在抗疫斗争中捐款捐物，越来越多企业家在回报社会中获得社会认可。民营企业家富起来以后，要见贤思齐，增强家国情怀、担当社会责任，发挥先富帮后富的作用，积极参与和兴办社会公益事业，共同发挥第三次分配的作用。必须看到，第三次分配不是"劫富济贫"，也决不搞"逼捐"，回报社会应建立在自觉自愿的基础上。高收入群体和企业积极主动投入民间捐赠、慈善事业，必将点亮道德之光、汇聚社会暖流，更好推动实现共同富裕。

20多年前，10名民营企业家发出《让我们投身到扶贫的光彩事业中来》的倡议，号召先富起来的民营企业家到老少边穷地区扶贫开发，促进共同富裕。鼓励先富起来的群体，秉承致富思源、富而思进的理念，坚持义利兼顾、以义为先的准则，把自身发展与国家建设结合起来，"先富起来"的活力定能汇聚起"带动后富"的动力，奔赴共同富裕的美好前程。

《人民日报》（2021年10月18日　04版）

既要尽力而为也要量力而行

人民日报评论部

全国居民人均年可支配收入从1978年的171元增加到2020年的32189元；就业人数从1949年的1.8亿增加到2020年的7.5亿；九年义务教育巩固率达到95%以上；有超过4亿并不断扩大的中等收入群体……这组来自《中国的全面小康》白皮书的数据，展现了中国在全面建成小康社会、不断迈向共同富裕征程上创造的辉煌成就。

共同富裕是社会主义的本质要求，是人民群众的共同期盼。在中国特色社会主义道路上推动经济社会发展，归根结底是要实现全体人民共同富裕。必须深刻认识到，共同富裕是一个长期目标，具有长期性、艰巨性、复杂性。回溯历史，从认识到"贫穷不是社会主义"、先富带动后富，到打赢脱贫攻坚战、全面建成小康社会，再到向着"全体人民共同富裕取得更为明显的实质性进展"的目标迈进，在不同历史时期，我们党循序渐进，既尽力而为又量力而行，提出了前后连贯、与发展规律相契合的共同富裕实现路径。实践充分证明，只有坚持实事求是，才能在迈向共同富裕的康庄大道上行稳致远。

当前，我国已开启全面建设社会主义现代化国家新征程，实现共同富裕是一个在动态中向前发展的过程，不可能一蹴而就，也不可能齐头并进。今年《中共中央国务院关于支持浙江高质量发展建设共同富裕示范区的意见》公布，旨在为全国推动共同富裕提供省域范例。之所以采取这种试点先行、稳步推进的方式，就是考虑到我国发展不平衡不充分问题仍然突出，各地区推动共同富裕的基础和条件不尽相同，需要选取部分地区先行先试、作出示范。由此可见，我们既要看到共同富裕是最终目标，因此要激发尽力而为的干劲、久久为功的韧性，也要认识到共同富裕是一项长期艰巨的任务，因此要有量力而行的理性、稳中求进的务实，不因目标长远而消极懈怠，也不因过程漫长而拔苗助长，既打好攻坚战，也打好持久战，这样才能逐步实现共同富裕。

习近平总书记强调："我国正处于并将长期处于社会主义初级阶段，我们不能做超越阶段的事情，但也不是说在逐步实现共同富裕方面就无所作为，而是要根据现有条件把能做的事情尽量做起来，积小胜为大胜，不断朝着全体人民共同富裕的目标前进。"特别是在解决人民群众最关心最直接最现实的利益问题上，我们必须拿出更大的力度、更实的举措，尽力而为、全力以赴。如何构建初次分配、再分配、三次分配协调配套的基础性制度安排？如何形成中间大、两头小的橄榄型分配结构？如何畅通向上流动通道，给更多人创造致富机会？实现共同富裕要尽力而为，就是不能等，看准了要及时调整和完善，具备条件就要尽力去做，以更大的力度、更实的举措让人民群众有更多获得感。

尽力而为也要量力而行，这就要求我们在推进共同富裕过程中必须具备充分考虑发展实际的科学精神。无论是提高社会保障水平，还是增加居民收入,抑或是制定帮扶政策推动乡村振兴,都不能脱离实际、超越阶段,不要好高骛远,吊高胃口,作兑现不了的承诺。保障和改善民生,必须建立在经济发展和财力可持续的基础之上,重点加强基础性、普惠性、兜底性民生保障建设。立足当前、着眼长远,统筹考虑需要和可能,按照经济社会发展规律循序渐进,才能推动共同富裕持续取得新进展。

面向未来,始终坚持以人民为中心的发展思想,既尽力而为、积极回应群众所需,又量力而行、充分尊重客观规律,不懈奋斗、永远奋斗,我们就一定能逐步实现全体人民共同富裕,创造新的更大奇迹。

《人民日报》(2021年10月19日 04版)

共同富裕要靠共同奋斗

人民日报评论部

技术工人在车间与工业机器人协同配合、高效生产，快递员在大街小巷奔忙，科研工作者在实验室默默奉献，社区工作者在基层一线服务千家万户……无数人的奋斗，不仅改变着自己的命运，而且共同构成了中国高质量发展的蓬勃活力。

习近平总书记指出："幸福生活都是奋斗出来的，共同富裕要靠勤劳智慧来创造。"一勤天下无难事，伟大梦想不是等得来、喊得来的，而是拼出来、干出来的。回望打赢脱贫攻坚战的历程，从"弱鸟先飞、滴水穿石"的韧性到"只要有信心，黄土变成金"的干劲，广大党员干部同群众想在一起、过在一起、干在一起，广大群众"宁愿苦干、不愿苦熬"，齐心协力完成了消除绝对贫困的艰巨任务。这说明，对全社会来说，奋斗是推动时代前进的动力；对每个人而言，奋斗是通往幸福的阶梯。共同富裕不会自动到来，美好生活也不会从天而降，而是要在亿万人民的苦干实干中实现。在通往共同富裕的道路上，奋斗是亮丽的底色，也惟有共同奋斗、不懈奋斗才能实现共同富裕。一言以蔽之，共同富裕要靠共同奋斗。

每个人都是共同富裕的主体，既是受益者又是贡献者，只有人人参与、人人尽力，才能实现人人享有。奋斗是幸福的，奋斗也是艰辛的、长期的、曲折的，没有艰辛就不是真正的奋斗。正所谓"艰难困苦、玉汝于成"。我国经济已从高速增长阶段转向高质量发展阶段，发展不平衡不充分问题仍然突出，实现共同富裕更需要付出艰辛的努力，需要亿万人民胼手胝足奋斗、携手并肩拼搏。

新时代是奋斗者的时代，每一个人都是新时代的见证者、开创者、建设者。对个人而言，应该认识到，人世间的美好梦想，只有通过诚实劳动才能实现，世界上从来就没有"免费的午餐"，天上也不会掉馅饼，实现美好生活最重要、最可靠的支撑是自己的奋斗。实现共同富裕绝不是不要个人奋斗，而是对个人奋斗提出了更高的要求，也会为个人奋斗提供更好的条件和环境。我们要畅通向上流动通道，给更多人创造致富机会，形成人人参与的发展环境，为人民提高受教育程度、增强发展能力创造更加普惠公平的条件，提升全社会人力资本和专业技能，提高就业创业能力，增强致富本领，让每个人都拥有人生出彩、梦想成真的机会。不断激发全社会勤劳致富、奋斗致富的内生动力，让一切劳动、知识、技术、管理、资本的活力竞相迸发，让一切创造社会财富的源泉充分涌流，就能用辛勤汗水浇灌幸福之花，用共同奋斗实现共同富裕。

征途漫漫，惟有奋斗。充分激发人民群众辛勤劳动、诚实劳动、创造性劳动的动力，鼓励人们以实干创实绩、以奋斗促富裕，让全体人民进一步焕发劳动热情、释放创造潜能，我们就一定能在接力奋斗中实现梦想，让共同富裕的美好图景展现在神州大地。

《人民日报》（2021年10月29日　04版）

深刻理解共同富裕是社会主义的本质要求

顾海良

在中国共产党百年华诞之际，习近平总书记对"共同富裕是社会主义的本质要求"这一重要理论命题作出深刻阐释，彰显了不忘初心、牢记使命，以史为鉴、开创未来的精神境界和思想智慧。

共同富裕作为社会主义的本质要求，丰富了新发展阶段的目标内涵。新发展阶段是全面建设社会主义现代化国家、向第二个百年奋斗目标进军的阶段。全面建设社会主义现代化国家、基本实现社会主义现代化，既是社会主义初级阶段我国发展的要求，也是我国社会主义从初级阶段向更高阶段迈进的要求。在实现第一个百年奋斗目标的历史进程中，从"总体小康"到"全面小康"，从"全面建设"到"全面建成"，我国经济社会发展取得了举世瞩目的成就。这是中国共产党百年辉煌的华彩乐章。习近平总书记在庆祝中国共产党成立100周年大会上庄严宣告："经过全党全国各族人民持续奋斗，我们实现了第一个百年奋斗目标，在中华大地上全面建成了小康社会，历史性地解决了绝对贫困问题，正在意气风发向着全面建成社会主义现代化强国的第二个百年奋斗目标迈进。""这是中华民族的伟大光荣！这是中国人民的伟大光荣！这是中国共产党的伟大光荣！"进入新发展阶段，在向第二个百年奋斗目标迈进的新征程上，必须深刻把握我国社会主要矛盾的变化，不断满足人民日益增长的美好生活需要。党的十八大以来，以习近平同志为核心的党中央把逐步实现全体人民共同富裕摆在更加重要的位置上，采取有力措施保障和改善民生，努力为促进共同富裕创造良好条件。把促进全体人民共同富裕作为不断满足人民日益增长的美好生活需要的聚焦点，进一步明确为人民谋幸福的着力点，对于凝聚人心、推进中华民族伟大复兴，对于团结奋进、夯实党长期执政基础，都有着重大的现实意义和历史意义。

共同富裕作为社会主义的本质要求，彰显了中国式现代化的显著特征。中国式现代化新道路，是基于我国独特的文化传统、独特的历史命运、独特的基本国情走出来的。在这条道路上，到本世纪中叶我国将建成富强民主文明和谐美丽的社会主义现代化强国。习近平总书记指出："我国现代化是人口规模巨大的现代化，是全体人民共同富裕的现代化，是物质文明和精神文明相协调的现代化，是人与自然和谐共生的现代化，是走和平发展道路的现代化。"全体人民共同富裕是中国式现代化的一个重要特征。在中国式现代化新道路上实现的共同富裕，是全体人民的富裕，是人民群众物质生活和精神生活都富裕，是人人参与、人人尽力、人人享有的富裕，要靠全体人民共同奋斗，遵循经济社会发展规律循序渐进，脚踏实地、久久为功。

共同富裕作为社会主义的本质要求，昭示了人类文明新形态的价值追求。习近平总书记在"七一"重要讲话中指出："我们坚持和发展中国特色社会主义，推动物质文明、政治文明、精神文明、社会文明、生态文明协调发展,创造了中国式现代化新道路,创造了人类文明新形态。"这一重要论述丰富了习近平新时代中国特色社会主义思想的科学内涵,体现了新时代中国化马克思主义的思想智慧。马克思在概括以往各种社会文明形态特征时指出:"一方的人的能力的发展是以另一方的发展受到限制为基础的。迄今为止的一切文明和社会发展都是以这种对抗为基础的。"与中国式现代化相结合的人类文明新形态,以全体人民共同富裕的鲜明价值取向,开辟了人类文明发展的新道路和新方向。促进全体人民共同富裕,是对坚持以人民为中心的发展思想的贯彻落实,昭示了人类文明新形态的崇高价值追求。

共同富裕作为社会主义的本质要求,升华了中华民族伟大复兴的时代意蕴。习近平总书记在"七一"重要讲话中指出:"中国共产党一经诞生,就把为中国人民谋幸福、为中华民族谋复兴确立为自己的初心使命。一百年来,中国共产党团结带领中国人民进行的一切奋斗、一切牺牲、一切创造,归结起来就是一个主题:实现中华民族伟大复兴。"百年奋斗、初心不改,砥砺前行、主题不变。如何围绕实现中华民族伟大复兴这一主题奋进新征程,是中国共产党在新发展阶段面临的新课题。在全面建成小康社会基础上促进全体人民共同富裕,升华了推进中华民族伟大复兴的时代意蕴。党的十八大以来,我们党团结带领人民在实现社会主义现代化的征程上,续写了中华民族伟大复兴新的历史篇章。习近平总书记指出:"新发展阶段是社会主义初级阶段中的一个阶段,同时是其中经过几十年积累、站到了新的起点上的一个阶段。"习近平总书记强调:"社会主义初级阶段不是一个静态、一成不变、停滞不前的阶段,也不是一个自发、被动、不用费多大气力自然而然就可以跨过的阶段,而是一个动态、积极有为、始终洋溢着蓬勃生机活力的过程,是一个阶梯式递进、不断发展进步、日益接近质的飞跃的量的积累和发展变化的过程。"牢牢抓住共同富裕这一社会主义本质要求不懈努力,凸显了这一过程的特点和要求,必将对我国社会主义从初级阶段向更高阶段迈进起到强有力的推动和保障作用。

《人民日报》(2021年10月11日　10版)

共同富裕是中国式现代化的重要特征

张占斌

习近平总书记在中央财经委员会第十次会议上强调:"共同富裕是社会主义的本质要求,是中国式现代化的重要特征。"深刻认识共同富裕是中国式现代化的重要特征,有助于在发展进程中揭示中国式现代化的"历史规定",更好理解中国式现代化新在何处,认清中国式现代化新道路与西方现代化道路的重大区别,对于全面建设社会主义现代化国家具有重要意义。

追求共同富裕贯穿于中国式现代化新道路形成和拓展的历史过程。中国式现代化新道路源于中国共产党的伟大创造,是党团结带领人民探索开创的,党的领导是中国式现代化新道路独特的政治优势。"中国共产党一经诞生,就把为中国人民谋幸福、为中华民族谋复兴确立为自己的初心使命。"在追求现代化的历史过程中实现共同富裕,体现着中国共产党人始终不变的初心使命。我们党团结带领人民在探索现代化道路过程中,向着共同富裕目标不断迈进。新中国成立初期,毛泽东同志指出:"现在我们实行这么一种制度,这么一种计划,是可以一年一年走向更富更强的,一年一年可以看到更富更强些。而这个富,是共同的富,这个强,是共同的强,大家都有份。"改革开放后,邓小平同志指出:"社会主义的本质是解放生产力,发展生产力,消灭剥削,消除两极分化,最终达到共同富裕""一个公有制占主体,一个共同富裕,这是我们所必须坚持的社会主义的根本原则"。中国特色社会主义进入新时代,习近平总书记强调:"我们追求的发展是造福人民的发展,我们追求的富裕是全体人民共同富裕""我们必须把促进全体人民共同富裕摆在更加重要的位置""推动人的全面发展、全体人民共同富裕取得更为明显的实质性进展"。一代又一代中国共产党人接续践行初心使命,追求共同富裕贯穿于中国式现代化新道路形成和拓展的历史过程。

追求共同富裕体现在中国式现代化不断丰富发展的奋斗目标中。在开辟和拓展中国式现代化新道路过程中,中国共产党人持续探寻实现共同富裕的实践路径,在小康社会与现代化建设中不断为实现共同富裕而奋斗。改革开放新时期,我们党团结带领人民既不走封闭僵化的老路,也不走改旗易帜的邪路,而是坚定不移走中国特色社会主义道路。我们从中国所处社会主义初级阶段的具体国情出发,将全面建成小康社会作为第一个百年奋斗目标,坚持在发展中不断保障和改善民生。如今,经过全党全国各族人民持续奋斗,我们实现了第一个百年奋斗目标,在中华大地上全面建成了小康社会,历史性地解决了绝对贫困问题。这意味着我们在共同富裕道路上迈出了坚实一步。党的十九大报告提出,到2035年"全体人民共同富裕迈出坚实步伐",到本世纪中叶"全体人民共同富裕基本实现,我国人民将享有更加幸福安康的生活"。党的十九届五中全会提出了更为具体的要求,提出到2035年"人均国内生产总值达到中等发达国家水平,中等收入群体显著扩大,基本公共服务实现均等化,城乡区域发展差距和居民生活水平差距显著缩小""人民生活更加美好,人的全面发展、全体人民共同富裕取得更为明显的实质性进展"。这些重要决策部署，指明了实现共同富裕的前进方向，描绘了实现共同富裕的宏伟蓝图。

追求共同富裕明确了走中国式现代化新道路的必然要求。中国式现代化新道路是马克思主义基本原理同中国具体实际相结合的伟大创造。马克思主义科学揭示了人类历史发展规律、社会主义发展规律，为我们认识世界、改造世界提供了科学世界观和方法论。具体而言，马克思主义揭示了资本主义社会发展的历史趋势，明确提出"无产阶级的运动是绝大多数人的、为绝大多数人谋利益的独立的运动"。马克思、恩格斯设想，在未来社会中，"生产将以所有的人富裕为目的"，"所有人共同享受大家创造出来的福利"。习近平总书记指出，要坚持把增进人民福祉、促进人的全面发展、朝着共同富裕方向稳步前进作为经济发展的出发点和落脚点。党的十九大提出，我国社会主要矛盾已经转化为人民日益增长的美好生活需要和不平衡不充分的发展之间的矛盾。着力解决新时代社会主要矛盾，就要不断创造美好生活、逐步实现全体人民共同富裕。我们党将促进全体人民共同富裕作为为人民谋幸福的着力点，致力于更好满足人民日益增长的美好生活需要。也正因为如此，中国式现代化新道路得到广大人民的真心拥护。

追求共同富裕彰显中国式现代化新道路的深厚文化底蕴。习近平总书记指出，优秀传统文化是一个国家、一个民族传承和发展的根本，如果丢掉了，就割断了精神命脉。中国式现代化新道路，传承弘扬了中华优秀传统文化的价值理念和理想追求，具有深厚的历史文化底蕴。中华优秀传统文化中包含丰富的关于小康、和谐、大同社会的思想。《诗经》里就有关于"小康"的记载；《礼记·礼运》

描述的"大道之行也，天下为公"，反映了关于大同社会的理想；孔子讲过"不患寡而患不均，不患贫而患不安"；管仲所言"仓廪实而知礼节，衣食足而知荣辱"，说明了物质基础与文明进步的关系；出自《左传》的"民生在勤，勤则不匮"，说明了勤劳奋斗的重要性；孙中山提出"民生为社会进化的重心"，表达了改善民生的要求。然而，由于缺乏制度基础和物质条件，这些思想理念只能停留在对美好社会的憧憬之中。只有中国特色社会主义道路的开创、中国式现代化新道路的开辟，才能为实现共同富裕奠定扎实的生产力条件和社会发展基础，使得共同富裕理想能够在中华大地上一步步成为现实。

中国式现代化新道路的历史逻辑、实践逻辑、理论逻辑和文化逻辑，共同决定了共同富裕必然是其重要特征。是否坚持共同富裕，成为区分中国式现代化新道路与西方现代化道路的一个重要标志。

《人民日报》（2021年10月12日　10版）

基本经济制度探索与共同富裕道路

政武经

今年是中国共产党百年华诞。从建党的开天辟地,到新中国成立的改天换地,到改革开放的翻天覆地,再到党的十八大以来党和国家事业取得历史性成就、发生历史性变革,百年波澜壮阔的征程与举世瞩目的成就交相辉映。习近平总书记在庆祝中国共产党成立100周年大会上的重要讲话中指出:"走自己的路,是党的全部理论和实践立足点,更是党百年奋斗得出的历史结论"。100年来,中华民族之所以迎来了从站起来、富起来到强起来的伟大飞跃,创造前所未有的发展奇迹,根本在于我们党在革命、建设、改革过程中坚持把马克思主义基本原理同中国具体实际相结合、同中华优秀传统文化相结合,开辟了一条适合我国国情的发展道路。在这一过程中,我们党坚持对经济工作的领导,推动经济发展取得巨大成就。

我国社会主义基本经济制度在探索中不断完善

100年来,特别是改革开放以来,我们党团结带领中国人民,明确经济发展目标、制定经济政策、推动经济发展,对基本经济制度进行不断探索和完善。

在新民主主义革命时期，我们党推动经济工作的着力点在于"进行各项必要和可能的经济建设事业"，经济制度建设的着力点在于消灭剥削、让劳苦大众翻身解放，使中国人民能够真正当家作主。我们党团结带领人民推翻帝国主义、封建主义、官僚资本主义三座大山，建立了人民当家作主的中华人民共和国，实现了民族独立、人民解放。

在社会主义革命和建设时期，我们党团结带领人民进行社会主义革命，实现了中华民族有史以来最为广泛而深刻的社会变革，实现了一穷二白、人口众多的东方大国大步迈进社会主义社会的伟大飞跃，为实现中华民族伟大复兴奠定了根本政治前提和制度基础。这一时期，我们党领导人民建立起独立的、比较完整的工业体系和国民经济体系，积累起在中国这样一个社会生产力水平十分落后的东方大国进行社会主义建设的重要经验。

在改革开放历史新时期，我们党深刻总结正反两方面历史经验，认识到贫穷不是社会主义。邓小平同志立足国情世情，明确提出"让一部分人、一部分地区先富起来，以带动和帮助落后的地区"。党的十二大提出"鼓励劳动者个体经济在国家规定的范围内和工商行政管理下适当发展，作为公有制经济的必要的、有益的补充"。党的十三大明确提出私营经济一定程度的发展"是公有制经济必要的和有益的补充"。1992年，邓小平同志在南方谈话中提出"三个有利于"，强调"计划经济不等于社会主义，资本主义也有计划；市场经济不等于资本主义，社会主义也有市场。计划和市场都是经济手段"。党的十四大明确提出建立社会主义市场经济体制的目标，进一步推动了所有制改革。党的十五大把"公有制为主体、多种所有制经济共同发展"明确为我国社会主义初级阶段的一项基本经济制度，提出"坚持按劳分配为主体、多种分配方式并存的制度。把按劳分配和按生产要素分配结合起来",明确"非公有制经济是我国社会主义市场经济的重要组成部分"。党的十六大提出"毫不动摇地巩固和发展公有制经济""毫不动摇地鼓励、支持和引导非公有制经济发展",并强调二者"统一于社会主义现代化建设的进程中,不能把这两者对立起来"。党的十七大提出要"坚持平等保护物权,形成各种所有制经济平等竞争、相互促进新格局"。

党的十八大以来,中国特色社会主义进入新时代。党的十八大提出"保证各种所有制经济依法平等使用生产要素、公平参与市场竞争、同等受到法律保护"。党的十八届三中全会开启了全面深化改革的新阶段,明确提出"围绕使市场在资源配置中起决定性作用深化经济体制改革",强调"公有制经济和非公有制经济都是社会主义市场经济的重要组成部分,都是我国经济社会发展的重要基础"。党的十八届四中全会提出"健全以公平为核心原则的产权保护制度,加强对各种所有制经济组织和自然人财产权的保护,清理有违公平的法律法规条款"。党的十八届五中全会强调"鼓励民营企业依法进入更多领域,引入非国有资本参与国有企业改革,更好激发非公有制经济活力和创造力"。党的十九大强调"必须坚持和完善我国社会主义基本经济制度和分配制度",并把"两个毫不动摇"写入新时代坚持和发展中国特色社会主义的基本方略,作为党和国家一项大政方针进一步确定下来。党的十九届四中全会进一步对社会主义基本经济制度的内涵作出重要发展和深化,将公有制为主体、多种所有制经济共同发展,按劳分配为主体、多种分配方式并存,社会主义市场经济体制都作为社会主义基本经济制度。所有制安排在基本经济制度中至关重要,它是分配制度和社会主义市场经济体制建立完善的重要基础；分配制度由所有制安排决定，多种所有制经济共同发展又以多种分配方式并存为基础，二者的有效运行都离不开社会主义市场经济体制的保障。

新时代，社会主义基本经济制度进一步完善，制度优势更加彰显。习近平总书记就非公有制经济和民营企业发展多次发表重要讲话，强调"两个毫不动摇""三个没有变"，强调"民营经济是我国经济制度的内在要素，民营企业和民营企业家是我们自己人"，希望民营企业放心大胆发展。民营经济既是社会主义市场经济发展的重要成果，又是推动社会主义市场经济发展的重要力量。从国内看，民营经济贡献了我国50%以上的税收、60%以上的国内生产总值、70%以上的技术创新成果、80%以上的城镇劳动就业、90%以上的企业数量；从国际看，民营经济已成为我国第一大外贸主体，今年前三季度我国民营企业进出口13.65万亿元，占我国外贸总值的48.2%。我们毫不动摇巩固和发展公有制经济，毫不动摇鼓励、支持、引导非公有制经济发展，激发各类市场主体活力，推动各种所有制经济共同发展，公有制经济、非公有制经济相辅相成、相得益彰；坚持把按劳分配和按生产要素分配结合起来，推动分配制度改革逐步深化，既促进了效率提高，又让人民更好共享改革发展成果；把有效市场和有为政府结合起来，社会主义市场经济体制更加完善。这极大改变了我国经济社会发展面貌，也为扎实推进共同富裕创造了制度条件、奠定了雄厚物质基础。

在坚持基本经济制度中促进共同富裕

当前，我们已经踏上全面建设社会主义现代化国家新征程。

习近平总书记在庆祝中国共产党成立100周年大会上的重要讲话中强调，在新征程上要"推动人的全面发展、全体人民共同富裕取得更为明显的实质性进展"。实现共同富裕，是社会主义的本质要求，是我们党矢志不渝的奋斗目标。社会主义基本经济制度在经济制度体系中处于基础性决定性地位。实现共同富裕，必须坚持和完善社会主义基本经济制度，将基本经济制度优势转化为经济治理的显著效能，支持民营经济在新时代共同富裕的征途中发挥更大作用。

鼓励勤劳创新致富，提高发展的平衡性、协调性、包容性。幸福生活都是奋斗出来的，共同富裕要靠勤劳智慧来创造，必须脚踏实地、久久为功。要在高质量发展中促进共同富裕，在不断做大蛋糕的基础上分好蛋糕。我国社会主义基本经济制度既有利于激发各类市场主体活力、解放和发展社会生产力，又有利于促进效率和公平有机统一、不断实现共同富裕。必须坚持和完善社会主义基本经济制度，坚决贯彻"两个毫不动摇"，平等对待各类市场主体；充分发挥市场在资源配置中的决定性作用，更好发挥政府作用。支持民营企业发展是党中央的一贯方针。民营经济特别是"铺天盖地"的小微企业和个体工商户在促进就业、保障和改善民生方面作出了重要贡献。要为民营经济营造良好的发展环境，从市场准入、营商环境、减税降费、技术创新和金融服务等方面为民营企业纾困解难，促进民营企业更好发展，为高质量发展提供强劲动能。

推动形成中间大、两头小的橄榄型分配结构。进一步深化收入分配制度改革，构建初次分配、再分配、三次分配协调配套的基础性制度安排，通过多种方式扩大中等收入群体规模。继续深化要素市场化改革，让劳动、资本、土地、知识、技术、管理、数据等要素价值得到充分实现，让市场评价贡献、由贡献决定报酬，使各类要素的致富创富活力竞相迸发。深化财税体制改革，提高再分配的公平性，完善社会保障体系，畅通向上流动通道，形成人人参与的发展环境。鼓励各类社会群体自觉自愿履行社会责任，发展社会慈善事业，更好发挥第三次分配的济贫救困功能。我国民营经济主体超过1亿，其中个体工商户超过8800万，带动就业人口超过2亿，是"增加劳动者特别是一线劳动者劳动报酬，提高劳动报酬在初次分配中的比重"的重要实践者。2020年，民营经济缴纳税收占全国税收比例达60%，成为稳定全国税收的重要支撑，是完善再分配调节机制的重要力量。支持民营经济发展，有助于形成中间大、两头小的橄榄型分配结构。民营企业要积极拥抱共同富裕，把握好这一时代机遇。

先富带动后富，循序渐进推动共同富裕。实现共同富裕是一个动态发展的过程，不可能一蹴而就，也不可能齐头并进。当前，我国发展不平衡不充分问题仍然突出，要对共同富裕的长期性、艰巨性、复杂性有充分估计，遵循经济社会发展规律，分阶段促进共同富裕，做到分类指导、精准施策，通过改革示范探索有效路径。重点鼓励辛勤劳动、合法经营、敢于创业的致富带头人，支持先富带动后富。截至2020年底，有近13万家民营企业参与"万企帮万村"精准扶贫行动，帮扶近14万个贫困村，产业投入1100多亿元，公益投入160多亿元，带动和惠及1800余万建档立卡贫困人口，形成了先富带动后富的生动实践。要鼓励民营企业积极参与乡村振兴和现代农业建设，助推区域协调发展战略实施，在保障和改善民生中挖掘市场机遇、发挥更大作用，推动欠发达地区更好共享发展成果。

进一步激发企业家精神，继续做大和分好蛋糕。面向未来，广大企业家要在爱国、创新、诚信、社会责任和国际视野方面不断提升自己，坚持向上向善，在扎实推进共同富裕中作出应有贡献。从中华优秀传统文化中汲取智慧和养分，将"义利兼顾"贯彻到企业经营管理全过程。政府是市场规则的制定者，也是市场公平的维护者。要持续构建亲清政商关系，更多提供优质公共服务，完善统一开放、竞争有序的市场体系，支持企业家心无旁骛、长远打算，以恒心办恒业，扎根中国市场，深耕中国市场。

《人民日报》（2021年11月04日 09版）

在高质量发展中促进共同富裕

马建堂

共同富裕是社会主义的本质要求。中国共产党在建党之初，就义无反顾地肩负起实现中华民族伟大复兴的历史使命，把为中国人民谋幸福、为中华民族谋复兴作为党的初心和使命，把促进全体人民共同富裕作为为人民谋幸福的着力点。历经百年奋斗，党中央带领全党全国各族人民在实现共同富裕的道路上砥砺前行，取得了全面建成小康社会的伟大胜利，历史性地解决了困扰中华民族几千年的绝对贫困问题，把古代先贤"使老有所终，壮有所用，幼有所长，矜寡孤独废疾者皆有所养"的大同社会梦想变为现实。进入全面建设社会主义现代化国家新征程，以习近平同志为核心的党中央从满足人民日益增长的美好生活需要出发，赋予共同富裕更加丰富的时代内涵，我们要完整准确地理解，全面系统地落实。

坚持社会主义初级阶段基本经济制度，在改革发展中继续夯实共同富裕的物质基础。要坚持"两个毫不动摇"，毫不动摇巩固和发展公有制经济，发挥好公有制经济在高质量发展中的主体作用；毫不动摇鼓励、支持、引导非公有制经济发展，发挥好民营经济在创造财富、提供就业、推动创新创业中的生力军作用。要坚持发展是第一要务，在高质量发展中推动共同富裕取得更为明显的实质性进展，通过收入分配的优化为高质量发展提供不竭动力。

坚持按劳分配为主体、多种分配方式并存，健全各类生产要素由市场决定报酬的机制。健全工资决定及正常增长机制，适时调整最低工资标准，积极稳妥推行工资集体协商。健全以实际贡献为评价标准的科技创新人才薪酬制度。拓宽居民租金、股息、红利等增收渠道。保护投资者特别是中小投资者合法权益。多渠道增加农民集体和个人分享的增值收益、股权收益、资产收益。

加大税收、转移支付调节力度和精准性，平抑初次收入分配差距和贫富差距代际传递。健全直接税体系，完善综合与分类相结合的个人所得税制度，减轻中等以下收入者税收负担。优化财政支出结构，提升民生性支出比重。转移支付项目更加精准向困难地区和突出问题、薄弱环节集中发力。

更好发挥第三次分配在缩小收入与财富差距中的作用。积极培育慈善组织，简化公益慈善组织审批程序，鼓励有条件的企业、个人和社会组织举办公益事业。落实并完善慈善捐赠税收优惠政策。提高优抚对象抚恤补助标准，健全经济困难老年人补贴制度，完善孤儿基本生活保障制度和儿童生活救助制度，建立困难残疾人生活补贴和重度残疾人护理补贴制度。

持续整顿收入分配秩序，维护和实现社会公平正义。有效抑制通过非市场因素获利，对部分过高收入行业的国有及国有控股企业严格实行工资调控政策。清理规范工资外收入，规范职务消费和行政公务支出。坚决取缔非法收入，严厉打击经济犯罪活动。建立健全社会信用体系和收入信息监测系统。

构建更加公平、更可持续的多层次社会保障体系，逐步缩小社会保障待遇差距。将农民工、灵活就业人员等新型就业形态人员纳入保障水平更高的职工社保体系。完善社会保险的缴费率、衔接转续、异地直接结算等制度。制定实施城乡居民基本养老金标准常态化调整机制。实现基本养老保险全国统筹，逐步推进失业保险、工伤保险的省级统筹。完善兜底保障标准动态调整机制，加快缩小社会救助的城乡标准差异。完善养老服务体系，保障老年人共享经济社会发展成果，建设老年友好型社会。

完善住房保障制度体系，着力解决人口流入多、房价高的城市的住房保障问题。坚持"房住不炒"。积极稳妥推进房地产税立法和改革，做好试点工作。鼓励多余住房用于租赁，提高存量房源利用率。加强保障性住房建设，规范住房租赁市场，加强租赁住房权益保护，加快完善长租房政策。

高质量推进基本医疗和公共卫生服务均等化，着力促进医疗服务可及性与健康公平。健全个体工商户、灵活就业者、家属连带参保激励机制。加快推进落实基本医保待遇清单制度。构建重特疾病多元保障模式。加快推进医联体、医共体建设，引导医院资源下沉基层。加快发展远程医疗。实施慢性病综合防控战略。加强重大传染病防控，完善传染病监测预警。加快推动"将健康融入所有政策"，创建有利于健康的生态和社会环境。

深化行政管理体制改革，切实保障人民平等参与、平等发展权利。大力拓宽社会组织和公众参与社会治理的渠道。推动社会治理重心下沉基层，引导群众自治，实现民事民来议、民来办。创新社会矛盾预防预警机制，注重源头治理。完善社会调查制度、听证会制度、协商谈判制度、信访制度和信息公开制度等。完善劳动保护与公共就业服务制度，着力促进就业机会公平。

深化教育体制改革，着力促进教育公平与社会人力资本积累。扩大普惠性幼儿园供给和覆盖率。加快城镇学校扩容增位，改善寄宿制学校条件，完善进城务工人员随迁子女在当地参加高中阶段学校考试招生的政策措施。支持有条件的地区率先积极探索免费职业教育。调整优化区域高等教育资源布局，推进部分普通本科高校向应用型转变，实现人才培养与社会经济发展更加紧密结合。

加强文化事业建设，推进精神生活共同富裕。加强优秀文化作品创作和传播。推进城乡公共文化服务体系一体化、区域公共文化服务协同化建设。全面实现街道、社区等基层综合文化服务中心全覆盖。打造有特色、有品位的公共文化空间。推进公共文化服务数字化，提升公共文化服务效能。健全现代文化产业体系和市场体系，鼓励和引导文化消费。

加强社会主义精神文明建设，厚植共同富裕理念。推动形成适应新时代要求的思想观念、文明风尚、行为规范，厚植共同富裕理念。推动中华优秀传统文化创造性转化、创新性发展。持续提升公民文明素养，深入推进公民道德建设、志愿服务建设、诚信社会建设、网络文明建设。加强对外文化交流和多层次文明对话，提高中华文化的国际影响力和传播力。

共同富裕不是同步富裕。要发挥社会主义制度的优越性，鼓励先富带动后富，在人民物质和精神生活水平不断提高基础上实现共同富裕。

一是将促进共同富裕融入区域协调发展战略，发挥先富带动后富效应。完善区域协调发展机制，挖掘我国实现共同富裕的巨大空间潜力。鼓励京津冀、长三角、粤港澳大湾区等地区在推进共同富裕方面发挥示范作用。完善政府间财政转移支付机制，加大对贫困地区、欠发达地区的支持力度，提升后富区域的发展能力。深化对口帮扶制度，在区域共同发展的基础上实现更高水平的共同富裕。

二是将促进共同富裕融入乡村振兴战略，巩固脱贫攻坚成果。逐步实现由集中资源支持脱贫攻坚向全面推进乡村振兴平稳过渡。健全防止返贫监测帮扶机制。促进脱贫地区产业提档升级，促进脱贫地区乡村特色产业发展壮大。广泛动员社会力量，积极支持和参与乡村振兴。统筹推进农村人居环境改善和乡村治理，打造一批美丽宜居村庄。

三是将促进共同富裕融入新型城镇化战略，优化以城带乡格局。建设一批高品质中心城市，形成人居品质示范效应。发挥都市圈、城市群的辐射功能，带动小城镇及乡村联动发展。协同推进户籍制度改革和城镇基本公共服务常住人口全覆盖，提高农业转移人口市民化质量。结合常住人口需要，以中心城区、中心镇等为核心，以交通路网和市政公用设施为重点，进行全域基础设施一体化规划建设管理。

《人民日报》（2021年11月10日　13版）

理解共同富裕的丰富内涵和目标任务

李 毅

消除贫困、改善民生、实现共同富裕，是社会主义的本质要求，是我们党的重要使命。新中国成立以来特别是改革开放以来，中国共产党团结带领人民向着实现共同富裕的目标不懈努力。邓小平同志曾指出："共同致富，我们从改革一开始就讲，将来总有一天要成为中心课题。"以习近平同志为核心的党中央团结带领人民取得了脱贫攻坚战的全面胜利，创造了彪炳史册的人间奇迹。习近平总书记在庆祝中国共产党成立100周年大会上代表党和人民庄严宣告："经过全党全国各族人民持续奋斗，我们实现了第一个百年奋斗目标，在中华大地上全面建成了小康社会，历史性地解决了绝对贫困问题，正在意气风发向着全面建成社会主义现代化强国的第二个百年奋斗目标迈进。"脱贫攻坚战的全面胜利，标志着我们党在团结带领人民创造美好生活、实现共同富裕的道路上迈出了坚实的一大步。新的征程上，我们要着力解决发展不平衡不充分问题和人民群众急难愁盼问题，推动人的全面发展、全体人民共同富裕取得更为明显的实质性进展。

/ 何为共同富裕 /

深刻理解共同富裕的丰富内涵

"共同富裕"中,"富裕"反映的是经济社会发展水平,体现着物质丰富、精神富足和生活宽裕程度;"共同"体现的是让改革发展成果更多更公平惠及全体人民。

共同富裕既是一个经济发展概念,也是一个社会发展概念,同时涉及政治、文化、生态等诸多领域,与人民生产生活息息相关。2021年8月17日,习近平总书记在中央财经委员会第十次会议上强调:"共同富裕是社会主义的本质要求,是中国式现代化的重要特征,要坚持以人民为中心的发展思想,在高质量发展中促进共同富裕"。

共同富裕可以从不同角度理解。比如,从经济层面看,主要表现为较高的收入和财富水平,还涉及收入分配状况,反映初次分配、再分配、三次分配协调配套程度。实现共同富裕要通过大力推动高质量发展提高城乡居民收入水平,让全体人民进一步焕发劳动热情、释放劳动潜能,通过劳动创造更加美好的生活。从社会层面看,基本公共服务均等化是其重要表现。基本公共服务主要包括教育、就业、社会保障、医疗卫生等。要推动城市公共服务向乡村延伸,提升城乡基本公共服务均等化水平。从日常生活层面看,广大人民群众生活富足,在居住方式、消费方式、行为方式、交往方式、思维方式等方面形成良好的生活理念和习惯。

实现共同富裕,是循序渐进发展的过程。推进共同富裕,既要千方百计做大做好"蛋糕",也要公平合理分好"蛋糕";既要不断满足人民群众对美好生活的向往,也要不断满足人民群众多样化、多层次、多方面的精神文化需求,促进社会和谐稳定、人民安居乐业，使广大人民群众获得感、幸福感、安全感更加充实、更有保障、更可持续。

全面把握扎实推动共同富裕的目标任务

共同富裕是一个长远目标，也是一项长期艰巨的任务。党的十九届五中全会《建议》提出，到2035年，"全体人民共同富裕取得更为明显的实质性进展"；在"改善人民生活品质，提高社会建设水平"部分强调，"扎实推动共同富裕"。要坚持鼓励勤劳创新致富、坚持基本经济制度、坚持尽力而为量力而行、坚持循序渐进等原则，着眼长远、科学谋划、周密部署，坚持系统思维，固根基、扬优势、补短板、强弱项，正确处理总体安排与阶段性部署的关系、效率和公平的关系，兼顾需要与可能，确保阶段性目标的可及性，适时调整政策目标和重点，分阶段扎实推进共同富裕。

"十四五"规划和2035年远景目标纲要明确了"十四五"时期我国经济社会发展的主要目标：经济发展取得新成效；改革开放迈出新步伐；社会文明程度得到新提高；生态文明建设实现新进步；民生福祉达到新水平；国家治理效能得到新提升。其中，"民生福祉达到新水平"是一项重要内容，而且有定量的约束性指标，对在整个发展过程中更加注重民生、保障民生、改善民生，让改革发展成果更多更公平惠及广大人民群众，提出了更高要求。为实现上述目标，就要实现巩固拓展脱贫攻坚成果同乡村振兴有效衔接，全面实施乡村振兴战略；制定和实施促进共同富裕行动纲要，自觉主动缩小地区、城乡和收入差距；实施扩大中等收入群体行动计划，以高校和职业院校毕业生、技能型劳动者、农民工等为重点，不断提高中等收入群体比重;支持浙江高质量发展建设共同富裕示范区,为全国推动共同富裕提供省域范例;等等。

展望2035年,我国将基本实现社会主义现代化,经济实力、科技实力、综合国力将大幅跃升,经济总量和城乡居民人均收入将再迈上新的大台阶,人民生活更加美好,人的全面发展、全体人民共同富裕将取得更为明显的实质性进展。到那时,我国人均国内生产总值达到中等发达国家水平;人民平等参与、平等发展权利得到充分保障;国民素质和社会文明程度达到新高度;基本公共服务实现均等化,城乡区域发展差距和居民生活水平差距显著缩小;平安中国建设达到更高水平;广泛形成绿色生产生活方式,碳排放达峰后稳中有降,生态环境根本好转,美丽中国建设目标基本实现。为了实现这些愿景,需要在许多方面持续努力。例如,以各项重大战略引领我国跻身于创新型国家前列;分项规划并实施相关行动计划,建成文化强国、教育强国、人才强国、体育强国、健康中国;通过产业升级、提升劳动者素质、完善政策体系,多措并举扩大中等收入群体规模;等等。

到本世纪中叶,在实现2035年远景目标的基础上,我国物质文明、政治文明、精神文明、社会文明、生态文明将全面提升,全体人民共同富裕将基本实现。我国中等收入群体规模将进一步扩大,形成中间大、两头小的橄榄型分配结构;构建初次分配、再分配、三次分配协调配套的基础性制度安排。到那时,我国将全面建成富强民主文明和谐美丽的社会主义现代化强国,我国人民将享有更加幸福安康的生活。

《人民日报》(2021年11月11日 12版)

如何理解共同富裕
自古以来就是中国人民的夙愿

高 翔

中国特色社会主义新时代是"逐步实现全体人民共同富裕的时代"。在高质量发展中促进共同富裕，是对中华民族源远流长的优秀文化传统的继承和发展，是对中华民族优秀思想理念的时代升华和科学表达。

共同富裕是中华民族最为质朴古老的理想之一

中国古代朴素的共同富裕观念源自我国古人对"天地之道"的探求。在对天地万物的观察中，先民们对天地日月进行思考，认为"天地之大德曰生""天无私覆，地无私载，日月无私照"，即天地最大的美德是孕育出生命并无私承载和维持生命的延续。他们主张，人类要学习天地日月无私养民的优良品格，效法自然，公平惠及，万类不遗。从《易经》的"裒多益寡，称物平施""损上益下，民说无疆。自上下下，其道大光"到《礼记》"黄帝正名百物，以明民共财"，从管子"以天下之财利天下之人"、老子"损有余而补不足"

到孔子"不患寡而患不均",共同富裕的思想与时俱进、不断发展,有着不同的表述方式。

先秦思想家认为,对美好生活的追求是人之本性,"富与贵,是人之所欲也"。实现理想的社会状态,需要保障人人有追求富裕的机会。强调下层民众的富足安乐,"下贫则上贫,下富则上富",因此希望施政者"为政以德""选贤与能,讲信修睦",使"老有所终,壮有所用,幼有所长",最终实现社会"大同"。古代思想家描绘的"大道之行也,天下为公"的理想世界,是人们最为美好的追求和向往。百姓生活富足、人民安居乐业的"小康"社会,是人们对美好生活的追求和向往。

共同富裕是我国历代治国理政思想理念的重要元素之一

共同富裕自古以来就是治国理政思想理念的重要元素之一。孔子至卫国,见人口繁庶,即表达出安置百姓应先加以"富之"再施以"教之"的见解。他所期求的富民之策,不仅意在"博施于民而能济众",还需依势顺导,"因民之所利而利之"。孟子强调"制民之产"的重要性,将"养生丧死无憾"视作王道开端。在与滕文公的对话中,孟子清晰地提出"民之为道也,有恒产者有恒心,无恒产者无恒心",产业代表人民富裕,是政治稳固、国家安定的基础。荀子明确表示,"不富无以养民情,不教无以理民性。"《管子》一书集中吸收先秦各学派思想,在《治国》《牧民》诸篇提出"治国之道,必先富民""仓廪实则知礼节,衣食足则知荣辱"。这表明共同富裕的观点已突破儒家学术范围,上升为整个知识界的思想共识。

在我国古代，共同富裕作为治国理政思想理念的重要元素，不仅是经济上的满足，还包括思想文化上的充实。汉代董仲舒、王符曰："先饮食而后教诲，谓治人也""为国者以富民为本，以正学为基"。物质和精神同步发展，才是共同富裕，才是古代传统社会真正的"治人"标准，"既富且教"成为我国传统士大夫关于社会治理的一贯理念。几千年来，我国传统士大夫始终强调不与民争利，主张"藏富于民"。这种以保养生民、促进民生、藏富于民的共同富裕思想，在我国绵延传承几千年，构成中华5000多年文明历史的重要内容之一，对历朝君主和广大民众产生深远影响。《周礼·天官冢宰·小宰》提到"以富邦国，以养万民，以生百物"，春秋时期有子提出"百姓足，君孰与不足"，主张"养万民""生百物"，强调国富需要利及全民，遵循包容、均平原则。官修史书《汉书·食货志》阐述了富民策略的践行路径："食足货通，然后国实民富，而教化成……是以圣王域民，筑城郭以居之，制庐井以均之，开市肆以通之，设庠序以教之；士农工商，四民有业。"意思是士农工商皆属"量能授事"的庶众，统治者应给予社会各阶层安身立命、寻求富裕之"业"。这种解释使富民之政具备了广泛包容性。当然，封建统治者没有也不可能真正把共同富裕作为施政方略，只是把安民富民作为巩固政权、稳定社会、体现"仁德"的治理手段。

共同富裕是几千年来我国广大民众的根本诉求

我国广大民众对共同富裕的企盼和追求贯通古今，在古代社会往往通过反抗暴政的形式表达出来，并在很大程度上助推了社会变革。通观历代农民战争，起义者们"等贵贱、均贫富"的意识日渐清晰，并将其作为核心诉求在斗争口号和纲领中提出。陈胜、吴广起义提出的"苟富贵，无相忘"，东汉黄巾起义提出的"致太平"，都包含着朴素的平均财富诉求。北宋王小波、李顺起义以"吾疾贫富不均，今为汝均之"相号召，提出"均贫富"口号。南宋钟相、杨幺领导的农民起义在"均富"基础上加入权利平等要求，宣扬"我行法，当等贵贱、均贫富"。明末农民起义首领李自成公开打出"均田免粮"旗号，将斗争矛头直指土地生产关系及所有制，集中反映了广大贫苦农民的愿望。晚清太平天国运动是中国历史上农民战争的高峰，其革命纲领《天朝田亩制度》依据"凡天下田，天下人同耕"原则，否定了地主阶级的土地占有及剥削制度，希图建立一个"有田同耕，有饭同食，有衣同穿，有钱同使，无处不均匀，无人不饱暖"的理想社会，把传统农民战争的"均产"需求往前推进了一大步，向着"无人不饱暖"的共同富裕目标迈进。及至近代，孙中山领导的资产阶级民主革命继续将"平均地权""节制资本"当作经济领域的行动方针，致力于扫除横亘在中国人民共同富裕面前的体制障碍。

纵观中华民族5000多年文明历史，共同富裕始终是广大民众的根本利益诉求，但由于受到生产力水平的限制和阶级矛盾的制约，在旧中国无法确立人民大众的主体地位，共同富裕的理想一直没有也不可能实现。只有中国共产党，一经诞生，就把为中国人民谋幸福、为中华民族谋复兴确立为自己的初心使命，团结带领中国人民，把马克思主义基本原理同中国具体实际相结合、同中华优秀传统文化相结合，实现了人民生活从温饱不足到总体小康、再到小康社会在中华大地上全面建成的历史性跨越,开辟出新时代共同富裕的光明大道。中国共产党百年奋斗的光辉历程表明,只有坚持中国共产党的领导,共同富裕才能逐步成为现实。

《人民日报》(2021年11月12日 11版)

共同富裕要"积小胜为大胜"

白弈非

共同富裕是社会主义的本质要求，是中国式现代化的重要特征。前段时间，《求是》杂志发表习近平总书记的重要文章《扎实推动共同富裕》强调："适应我国社会主要矛盾的变化，更好满足人民日益增长的美好生活需要，必须把促进全体人民共同富裕作为为人民谋幸福的着力点，不断夯实党长期执政基础。"掷地有声的话语，诠释了中国共产党人一切为了人民、一切依靠人民的价值追求，彰显了我们党不断推进全体人民共同富裕的坚定决心。

"治国之道，富民为始。"共同富裕，是马克思主义的一个基本目标，也是自古以来我国人民的一个基本理想。我们推动经济社会发展，归根结底是要实现全体人民共同富裕。从新中国成立初期提出"现在我们实行这么一种制度，这么一种计划，是可以一年一年走向更富更强的，一年一年可以看到更富更强些。而这个富，是共同的富，这个强，是共同的强，大家都有份"，到改革开放历史新时期明确"共同致富，我们从改革一开始就讲，将来总有一天要成为中心课题。社会主义不是少数人富起来、大多数人穷，不是那个样子。社会主义最大的优越性就是共同富裕，这是体现社会主义本质的一个东西"，再到党的十八大以来强调"共享理念实质就是坚持以人民为中心的发展思想，体现的是逐步实现共同富裕的要求"，我们始终坚定人民立场，强调消除贫困、改善民生、实现共同富裕是社会主义的本质要求，是我们党坚持全心全意为人民服务根本宗旨的重要体现，是党和政府的重大责任。

习近平总书记深刻指出："实现共同富裕不仅是经济问题，而且是关系党的执政基础的重大政治问题。我们决不能允许贫富差距越来越大、穷者愈穷富者愈富，决不能在富的人和穷的人之间出现一道不可逾越的鸿沟。"改革开放后，我们党深刻总结正反两方面历史经验，认识到贫穷不是社会主义，打破传统体制束缚，允许一部分人、一部分地区先富起来，推动解放和发展社会生产力。党的十八大以来，以习近平同志为核心的党中央把逐步实现全体人民共同富裕摆在更加重要的位置上，采取有力措施保障和改善民生，打赢脱贫攻坚战，全面建成小康社会，为促进共同富裕创造了良好条件。事实充分证明，做好党和国家各项工作，必须把实现好、维护好、发展好最广大人民根本利益作为一切工作的出发点和落脚点，更加自觉地使改革发展成果更多更公平惠及全体人民。

九层之台，起于累土。习近平总书记强调："我国正处于并将长期处于社会主义初级阶段，我们不能做超越阶段的事情，但也不是说在逐步实现共同富裕方面就无所作为，而是要根据现有条件把能做的事情尽量做起来，积小胜为大胜，不断朝着全体人民共同富裕的目标前进。"促进全体人民共同富裕是一项长期任务，也是一项现实任务。脚踏实地，久久为功，向着这个目标作出更加积极有为的努力，就能让人民群众真真切切感受到共同富裕是看得见、摸得着、真实可感的事实。

发展才是社会主义，发展必须致力于共同富裕。正如习近平总书记强调的："中国人说话、中国共产党说话、中国共产党的领导说话是算数的！"只要我们始终坚持以人民为中心的发展思想，一件事情接着一件事情办，一年接着一年干，就一定能够不断推动全体人民共同富裕取得更为明显的实质性进展！

《人民日报》（2021年11月19日　04版）

全面准确理解共同富裕的深刻内涵

金观平

"治国之道，富民为始。"共同富裕是社会主义的本质要求，是中国式现代化的重要特征，是人民群众的共同期盼。在全面建设社会主义现代化国家新征程上，扎实推进全体人民共同富裕，首先就要全面准确地理解和把握其深刻内涵，这具有十分重要的意义。

"共同富裕是全体人民的富裕，是人民群众物质生活和精神生活都富裕，不是少数人的富裕，也不是整齐划一的平均主义，要分阶段促进共同富裕。"近日召开的中央财经委员会第十次会议提出的明确要求，指明了前进的方向。朝着这个目标积极有为地奋发进取，就一定能让人民群众真真切切感受到共同富裕是看得见、摸得着、真实可感的事实。

中国共产党自成立之日起，就把实现共同富裕作为矢志不渝的奋斗目标。今天，"我们推动经济社会发展，归根结底是要实现全体人民共同富裕"。百年征程波澜壮阔，党团结带领人民、紧紧依靠人民不懈探索，跨过一道又一道沟坎，取得一个又一个胜利，让这一目标得以落地生根。

"全面建成小康社会，一个也不能少；共同富裕路上，一个也不能掉队。""全体人民通过辛勤劳动和相互帮助,普遍达到生活富裕富足、精神自信自强、环境宜居宜业、社会和谐和睦、公共服务普及普惠,实现人的全面发展和社会全面进步,共享改革发展成果和幸福美好生活。"党的十八大以来,以习近平同志为核心的党中央以"一诺既出,万山无阻"的姿态,直面历史考验,为这一目标开花结果提供了强大思想指引。

对照全民共富、全面富裕的要求与方向,我国发展不平衡不充分问题仍然突出,各地区推动共同富裕的基础和条件也不尽相同。我国仍处于社会主义初级阶段的基本国情,我国仍然是世界最大发展中国家的国际地位,决定了实现共同富裕是一项长期任务,必须充分估计实现过程的艰巨性与复杂性,统筹需要和可能,既尽力而为又量力而行,在实现现代化过程中逐步解决好这个问题。当前,要预防高福利陷阱,不过度强调物质享受、不轻易冒进急于求成、不盲目追赶吊高胃口,避免运动式共同富裕。惟其如此,全体人民推动发展的积极性、主动性、创造性才能被充分调动起来,国家发展才能具有最深厚的伟力,党的执政基础才能更加巩固。

促进全体人民共同富裕是一项长期任务,也是一项现实工作,迫切需要运用好被实践证明行之有效的改革方法论,选取部分条件相对具备的地区先行先试,把顶层设计和基层探索紧密结合起来。通过部分地区先行先试,进一步丰富共同富裕的思想内涵和政策体系,探索破解新时代社会主要矛盾的有效途径,及时形成可复制推广的经验做法,为其他地区分梯次推进、逐步实现全体人民共同富裕作出示范。

前不久,《中共中央国务院关于支持浙江高质量发展建设共同富裕示范区的意见》正式发布,标志着浙江率先成为建设共同富裕示范区的"探路先锋"。虽然没有现成的经验可学,没有教科书可以参考,但是在全面准确理解共同富裕深刻内涵的基础上,朝着正确方向探路前行,就一定能够绘就亿万人民幸福生活的美好图景。

"到2035年全体人民共同富裕取得更为明显的实质性进展。"中国共产党人从来都是有诺必践。通往共同富裕的道路上,将留下更多坚实脚印。只要坚持以人民为中心,不断增进人民福祉,我们就一定能推动社会主义向更高阶段迈进,中国特色社会主义这篇大文章会越来越精彩。

《经济日报》(2021年08月21日　01版)

共建共享才能走向共富

金观平

"民生在勤,勤则不匮"。劳动是财富的源泉、幸福的源泉,也是推动人类社会进步的根本力量。近日召开的中央财经委员会第十次会议提出在高质量发展中促进共同富裕,强调要鼓励勤劳创新致富,并作出重要部署,将实现共同富裕宏伟目标与每一个人的辛勤劳动和聪明才智联系起来,必将激励全体人民进一步焕发劳动热情、释放创造潜能,为共建共享共富提供源源不断的强大动力。

共同富裕,说到底,是要让全体人民都过上好日子。当然,好日子不会从天而降,梦想也不会自动成真,实现共同富裕的根本前提是共同建设、共同创造、共同奋斗。一百年来,我们党团结带领人民历经革命、建设和改革,取得了一个又一个彪炳史册的辉煌成就,归根结底是全体人民用勤劳和汗水、智慧和勇气、改革和创新奋斗出来的。

"一勤天下无难事"。事实证明,人世间的美好梦想,只有通过诚实劳动才能实现;发展中的各种难题,只有通过诚实劳动才能破解。新的征程上,我们迈向共同富裕的每一步,都必须紧紧依靠人民、始终为了人民,必须依靠辛勤劳动、诚实劳动、创造性劳动,必须充分调动人民群众的积极性、主动性、创造性，形成共建共享共富的生动局面。唯此，才能让实现共同富裕的伟大进程成为人们看得见、摸得着、真实可感的事实，进而在实干中坚定信心、夯实基础、把牢方向。

从共建共享走向共富，首要的是积极营造"人人参与"的发展环境。要为人民提高受教育程度、增强发展能力创造更加普惠公平的条件，畅通向上流动通道，给更多人创造致富机会。特别是要将"鼓励勤劳创新致富"的要求落实到各项工作的细节中，政策的制定和执行都需体现这一鲜明导向，切实增强政策的针对性和有效性。

从共建共享走向共富，重点在做好保障"人人尽力"的制度安排。其中极为重要的一条，就是坚持基本经济制度，坚持"两个毫不动摇"，充分激发人民群众勤劳致富、创新致富的热情。要坚持公有制为主体、多种所有制经济共同发展，允许一部分人先富起来，重点鼓励辛勤劳动、合法经营、敢于创业的致富带头人，以先富带后富、帮后富。

从共建共享走向共富，关键要形成"人人享有"的合理分配格局。允许和鼓励一部分地区、一部分人先富起来，同时也需自觉主动解决地区差距、城乡差距、收入差距等问题。要建立科学的公共政策体系，重点加强基础性、普惠性、兜底性民生保障建设，统筹做好就业、收入分配、教育、社保、医疗、住房、养老、扶幼等各方面工作。同时，进一步完善初次分配制度，发挥好再分配和第三次分配调节作用，把按劳分配和按生产要素分配结合起来，在"做大蛋糕"的同时"分好蛋糕"，让发展成果更多更公平惠及全体人民。

还要看到，对于我们这样一个拥有14亿多人口的大国来说，让所有地区、所有人同时同步富裕，既不可能，也不现实，必须按照经济社会发展规律循序渐进，经历一个从局部到整体、从量变到质变的过程。这就要求我们充分估计实现共同富裕的长期性、艰巨性、复杂性，既要拥有勇往直前的信心和决心，又要保持接续奋斗的耐心与恒心；既要锚定宏伟目标不放松不懈怠，又要以务实举措解决好当前面临的矛盾和问题，脚踏实地、久久为功，共同富裕的绚丽图景必将一步步成为美好现实。

《经济日报》（2021年08月22日　01版）

牢牢把握为人民谋幸福的着力点

金观平

立足新发展阶段，向着第二个百年奋斗目标迈进，必须更加注重共同富裕问题。近日召开的中央财经委员会第十次会议指出，"把促进全体人民共同富裕作为为人民谋幸福的着力点"，并强调要"正确处理效率和公平的关系""构建初次分配、再分配、三次分配协调配套的基础性制度安排""形成中间大、两头小的橄榄型分配结构"。这一重大战略部署，为在高质量发展中促进共同富裕指明了方向。

为人民谋幸福，是中国共产党人矢志不渝的奋斗目标。我们党波澜壮阔的百年历史，就是团结带领人民向着共同富裕目标不断前进的历史。新中国成立以来，在党的领导下，老百姓的"钱袋子"越来越鼓，消费结构不断升级，民生福祉不断改善，兜底保障不断夯实，日子"芝麻开花节节高"。特别是党的十八大以来，以习近平同志为核心的党中央采取有力措施保障和改善民生，打赢脱贫攻坚战，标志着我们党在团结带领人民创造美好生活、实现共同富裕的道路上迈出了坚实的一大步。

随着我国全面建成小康社会、开启全面建设社会主义现代化国家新征程，推动共同富裕具备了更加坚实的物质基础，这是我们的信心和底气所在。但还要看到，共同富裕是全体人民的富裕，是人民群众物质生活和精神生活都富裕，解决发展不平衡不充分问题、缩小城乡区域发展差距和收入分配差距、促进全体人民共同富裕仍然任重道远。适应我国社会主要矛盾的变化，更好满足人民日益增长的美好生活需要，必须把促进全体人民共同富裕作为为人民谋幸福的着力点，摆在更加重要的位置，通过推动高质量发展、优化民生保障制度、形成公平合理的收入分配格局等，加快补齐走向共同富裕的突出短板。

发展是基础。没有发展，没有扎扎实实的发展成果，共同富裕就无从谈起。因此，牢牢把握共同富裕这个为人民谋幸福的着力点，必须以推动高质量发展为主题，不断把"蛋糕"做大。

以前我们要解决"有没有"的问题，现在则要解决"好不好"的问题。更好满足人民多方面日益增长的需要，更好促进人的全面发展、全体人民共同富裕，必须着力提升发展质量和效益。高质量发展，就是能够很好满足人民日益增长的美好生活需要的发展，是体现新发展理念的发展，就是从"有没有"转向"好不好"，是促进共同富裕的发展。

同时，做大"蛋糕"不等于可以自动实现共同富裕。还必须在高质量发展的基础上促进社会公平正义，把不断做大的"蛋糕"分好。

"十四五"规划和2035年远景目标纲要对"优化收入分配结构"作出重要部署，强调"更加积极有为地促进共同富裕"，并对拓展居民收入增长渠道、扩大中等收入群体、完善再分配机制等提出了具体要求。把这些部署和要求落到实处，有利于提高劳动报酬在初次分配中的比重，加大税收、社会保障、转移支付等调节力度和精准性，发挥慈善等三次分配作用，改善收入和财富分配格局，促进社会公平正义。

共同富裕路上，一个也不能掉队。新的征程上，只要我们始终坚持以人民为中心的发展思想，一件事情接着一件事情办，一年接着一年干，就一定能够实现民生福祉达到新水平的目标，使全体人民共同富裕迈出坚实步伐，进而不断推动全体人民共同富裕取得更为明显的实质性进展。

《经济日报》（2021年08月23日　01版）

正确理解共同富裕的基础性制度安排

金观平

共同富裕是社会主义的本质要求，是中国式现代化的重要特征。实现共同富裕，分配机制的不断完善优化是绕不开的重大课题。

朝着共同富裕的目标扎实迈进，就要正确处理效率和公平的关系，构建初次分配、再分配、三次分配协调配套的基础性制度安排。这意味着"三次分配"上升到国家战略体系层面，并进入实践操作阶段。但是，对于"三次分配"，个别人有意无意地进行片面理解和误读，甚至出现了"三次分配"是"劫富济贫"的错误论调。从中可见，"三次分配"虽然已成为国家基础性分配制度的重要组成部分，但对其深刻内涵仍需进一步加深认识、统一思想，这样才能在实践中把握好、推动好、落实好。

正确理解走向共同富裕的这一基础性制度安排，首先要对现有分配体制正确研判。一个社会采取什么样的分配方式，是由该社会的生产力发展水平和与之相适应的经济制度决定的。改革开放以来，立足社会主义初级阶段的基本国情，我们确立了按劳分配为主体、多种分配方式并存的分配制度，以税收、社会保障、转移支付为主要手段的再分配调节框架初步形成，极大促进了国民经济快速发展。

同时，也要看到，收入分配领域仍存在一些亟待解决的突出问题，主要是城乡区域发展差距和居民收入分配差距依然较大，收入分配秩序不规范，等等。这些问题，必须通过促进发展、深化改革逐步加以解决。

建立在自愿基础上，三次分配以募集、自愿捐赠和资助等慈善公益方式对社会资源和社会财富进行分配，能够弥补现有分配制度中可能出现的"看得见的手"和"看不见的手"的失灵问题，有利于统筹效率与公平、缩小收入差距，构建更合理的财富分配格局。当前，我国已全面建成小康社会，社会财富的蛋糕不断做大，为三次分配提供了经济基础，加之与三次分配有关的配套制度也在不断完善，立足这样的现实，中央财经委员会第十次会议才有了构建初次分配、再分配、三次分配协调配套的基础性制度安排。

三次分配是道德、文化、习惯影响下社会力量的自愿自觉行为，是初次分配和再分配的有益补充。在社会发展的不同阶段，三次分配的占比会有所变化，但其"补充性"的属性在很大程度上是不会改变的。有些人期望通过三次分配"迅速实现共同富裕"的想法，显然过于放大了三次分配的作用，是站不住脚的。促进全体人民共同富裕，要基于国情、立足现实，分阶段有步骤推进。对共同富裕的这一战略部署，也决定着不可能借由某一方案就能"速成"，更不可能搞杀鸡取卵、竭泽而渔式的分配改革。

共同富裕的征途，有先富与后富的逻辑，三次分配是先富带后富的体现与实践，显然不能被错误理解为"劫富济贫"。"鼓励高收入人群和企业更多回报社会"，中央财经委员会第十次会议这一表述的关键词是鼓励，而不是强制，已经明确表明了态度。三次分配主要是为了在全社会强调共同富裕的意识与社会公正的价值观，通过这种途径，高收入人群在自愿的前提下按照社会公益、社会公德、社会和谐等道德伦理体系行动，形成良性循环，不仅受赠方的获得感、幸福感增加，而且捐助者的成就感、价值感也在增加。

促进共同富裕，我国三次分配的空间很大，效果也会明显，关键是构建好激励体系与保障体系。前者包括社会道德舆论、税收体系，特别是财产税、捐赠税收减免政策等；后者需有效的信托法律制度，以及一些非营利性法人特别是慈善团体承担慈善捐赠的收集、转移和分配等活动。在这些方面，还有相当多的改革创新任务，需大胆探索、稳步推进，同时有效破除对"三次分配"的认识误区，确保三次分配在与促进国家发展、提升人民福祉的需要同行中充分发挥作用。

《经济日报》（2021 年 09 月 22 日　01 版）

事关党的执政基础的重大政治问题

金观平

随着中国特色社会主义进入新时代,以习近平同志为核心的党中央为推进全体人民共同富裕作出了更加深刻的理论概括,制定了更为详尽的实践指引。"实现共同富裕不仅是经济问题,而且是关系党的执政基础的重大政治问题。"这一重要论述,把共同富裕放在了更加突出的战略地位。遵循理论和实践指引,坚持以人民为中心的发展思想,在实现现代化的过程中解决好共同富裕问题,是人民群众的共同期盼,也是党和政府的重大责任,是我们党全心全意为人民服务根本宗旨的重要体现。对此,我们一定要有充分的理解和认识。

政之所兴在顺民心,政之所废在逆民心。一个执政党的执政基础是否稳固,取决于其能否有效实现所代表群体的利益。共同富裕是全体人民根本利益的最集中体现。中国共产党自成立之日起,就把实现共同富裕作为矢志不渝的奋斗目标,打江山、守江山,守的是人民的心,为的是让人民过上好日子。百年征程波澜壮阔,团结带领人民创造美好生活、奔赴宏伟目标的鲜活实践,在革命时期为我们党赢得了稳固的阶级基础,在建设和改革时期为我们党赢得了坚实的执政基础。党与人民同心勠力、奋楫笃行，共同富裕这个几代人为之奋斗的理想，才正在从向往的远景逐渐成为"看得见、摸得着"的实景。

我们要实现的共同富裕，不是少数人的富裕，而是涉及14亿多人口的伟大事业。我们推动经济社会发展，不是为了发展经济而发展经济，而是为了涵盖全体人民的共同富裕。正如习近平总书记多次强调的，"全面建成小康社会，一个也不能少；共同富裕路上，一个也不能掉队"。我们决不能允许贫富差距越来越大、穷者愈穷富者愈富，决不能在贫富之间出现一道不可逾越的鸿沟。

走向全体人民的共同富裕，首要是坚持党的全面领导。

实现人口规模巨大的共同富裕，是一项前无古人的历史任务，只有在中国共产党的坚强领导下，发挥中国特色社会主义制度优势才能完成。要坚持党总揽全局、协调各方的领导作用，统筹全国"一盘棋"，压实各级党委政府责任，推动形成上下联动、全社会力量广泛参与促进共同富裕的格局。要把坚持党的全面领导落实并体现到各领域各方面各环节，不断满足人民群众多样化、多层次、多方面的需求。要教育引导全体党员干部强化担当意识，以"等不起"的紧迫感、"慢不得"的危机感、"坐不住"的责任感，知重负重，砥砺前行，推动共同富裕取得更为明显的实质性进展，以此赢得人民的信任和拥护，不断夯实执政基础。

走向全体人民的共同富裕，根本是尊重人民主体地位。

社会主义现代化建设是全体人民共同的事业，"以人民为中心"必须落实在制度安排与治理实践之中。要着力营造一个公平竞争的社会环境，让每个人拥有自我发展的能力和自我实现的机会，让人民群众在实践活动中所表达的意愿、所创造的经验、所拥有的权利、所发挥的作用得到尊重，让推动共同富裕的内生动力充分涌流。经济社会发展是全体人民共享成果的过程，必须把促进全体人民共同富裕摆在更加重要的位置。既要持续做大"蛋糕"，让人民在经济社会全面发展中共享改革成果，还要公平分好"蛋糕"，让人民在收入分配差距缩小、基本公共服务均等化推进中提升获得感、幸福感、安全感。

实现共同富裕，就要致力于促进社会发展成果创造者与享有者相统一。惟其如此，才能不断增强人民对国家的信心、对党的信任、对中国特色社会主义的信念，赢得人民对党的路线方针政策的高度认同，才能继续创造经济发展和社会稳定的奇迹，在高质量发展中稳步迈向共同富裕的美好未来。实践也必将再次证明，一个把"符合人民根本利益"作为发展尺度的国家必会兴旺发达，一个把"人民对美好生活的向往"作为奋斗目标的政党必将基业长青。

《经济日报》（2021年10月08日　01版）

尊重经济社会发展规律循序渐进

金观平

近来,有观点对"共同富裕"片面解读,将"共同"妄断为"同时""同步",曲解了中央的决策和部署。"要坚持循序渐进,对共同富裕的长期性、艰巨性、复杂性有充分估计""要分阶段促进共同富裕",以习近平同志为核心的党中央以高度的历史责任感和使命感科学谋划共同富裕的探索实践,释放出坚定信号——中国绝不会做超越历史阶段的事情,绝不会搞运动式共同富裕,而是将一步一步、久久为功,不断朝着既定目标扎实前行。

共同富裕决不是同时富裕、同步富裕,也不可能做到同时富裕、同步富裕。

其一,历史逻辑昭示,任何事物发展都有一个循序渐进的过程。从"解决温饱"到"让一部分人先富起来",再到"消除贫困"、实现"共同富裕",在不同历史时期,我们党高瞻远瞩、因地制宜地提出了前后连贯、与发展规律相契合的精准策略和重大部署。共同富裕是对历史逻辑的当代阐释,也必然要沿着从局部到整体、从量变到质变的进程才能实现善作善成。

其二,现实基础决定,促进全体人民共同富裕是一项长期任务,需要付出更加艰辛的努力。打赢脱贫攻坚战，全面建成小康社会，为推动共同富裕奠定了更加坚实的物质基础，这是我们的信心和底气所在。但同时，我国仍处于社会主义初级阶段，仍然是世界上最大的发展中国家，实现更高水平的富裕，是一项十分艰巨的任务；发展不平衡不充分的问题仍旧存在，各地区推动发展的基础和条件不尽相同，缩小各方面差距需要的制度改革和政策调整必须循序渐进。这些决定了共同富裕不可能是同一个速度，而是分阶段加以推进。

其三，目标使命决定，共同富裕不是一蹴而就，也不是朝夕之功。共同富裕绝非单纯地进行财富分配，而是涉及人民群众获得感、幸福感、安全感的全方位目标，在保证物质富裕的基础上，解决好精神富足的问题，实现人的全面发展和社会的全面进步。这就要求我们一件接着一件办，一年接着一年干，脚踏实地、久久为功。

由此可见，共同富裕是"逐步共富"。把促进全体人民共同富裕摆在更加重要的位置，意味着我们要更加科学把握经济社会发展规律，统筹考虑共同富裕的现实基础和客观需要，不犯急于求成的毛病、不脱离发展的实际，不吊高胃口、不做"过头事"，尽力而为、量力而行，在共同富裕的新征程上闯出新路子、赢得新胜利。

立足当下，落脚实践，要分阶段促进共同富裕。一是要做到顶层设计与基层探索的辩证统一。既充分解放思想，围绕共同富裕的"四梁八柱"甚至每一步"棋"做好设计，解决好发展中的问题，又鼓励各地因地制宜、大胆创新，允许部分地区先行先试积累经验，为其他地区作出示范。二是要做到补齐短板与谋划长远的辩证统一。在促进共享发展的重点领域和关键环节，继续把改革推向深入；在推进供给侧结构性改革的同时，注重需求侧管理，着眼于扩大内需和促进消费，进一步关注收入分配和共同富裕。三是要做到推进过程与目标结果的辩证统一。先富要带后富，鼓励勤劳致富、创新致富，鼓励辛勤劳动、合法经营、敢于创业的致富带头人，允许一部分人先富起来，在此基础上探索更平衡更充分的发展；后富也要学先富，不吃"大锅饭"，更不能"养懒汉"，要逐渐"让更多人富起来"。

习近平总书记深刻指出："为了不断满足人民群众对美好生活的需要，我们就要不断制定新的阶段性目标，一步一个脚印沿着正确的道路往前走。"只要持续探索、稳中求进，到2035年"全体人民共同富裕取得更为明显的实质性进展"的目标一定能够实现，共同富裕的美好图景一定会在更高质量、更有效率、更加公平、更可持续发展中绘就。

《经济日报》（2021年10月09日　01版）

多措并举扩大中等收入群体

金观平

共同富裕,是关系我国经济社会发展的重大课题。观察其"施工图""路线图",关键在于六个字"调高、扩中、增低",即合理调节高收入、取缔非法收入、扩大中等收入群体比重、增加低收入群体收入。这就意味着,推动共同富裕取得更为明显的实质性进展的一个显著标志,是"扩大中等收入群体比重",形成中间大、两头小的橄榄型分配结构。如此的决策部署,显然让那些"共同富裕就是均贫富"等误读与曲解没有了立足之地。

我们高度重视中等收入群体,是因为其对于经济发展、社会稳定、应对外部挑战等都相当重要。这一群体具备稳定的购买力,其消费对我国经济持续平稳增长形成有力支撑;这一群体的扩大可以有效防止贫富差距悬殊和两极分化,有效弥合社会裂痕,具有"稳定器"的功能;以中等收入群体为主构成的超大规模市场,是我国经济健康发展的信心来源。正因如此,从习近平总书记在《国家中长期经济社会发展战略若干重大问题》中指出"把扩大中等收入群体规模作为重要政策目标",到中央财经委员会第十次会议强调"推动更多低收入人群迈入中等收入行列",我们的目标方向一以贯之。

对照现实，我国中等收入群体规模目前约为4亿人，总量不少，但以14亿多人口的基数计算，所占比重约为30%，还不够高。而且，内部结构也不均衡，相对较低收入人群在中等收入群体中占比较大，一部分中等收入群体就业稳定性不足、存在"掉队"风险，此外还有相当多农村人口尚未进入中等收入群体。

多措并举扩大中等收入群体尤显重要和紧迫。"扩围"的着力点何在？不均衡的困境又该如何破解？总的原则，一是稳存量，提高现有中等收入群体的收入水平，改善收入结构，进一步提升消费能力；二是提增量，瞄准重点人群精准施策，推动更多人迈入中等收入行列。

具体来说，要推动实施就业优先战略和积极就业政策，将劳动力市场制度和公共就业服务更好结合，提高有能力有意愿人口的劳动参与率，帮助重点人群提高劳动参与率，在经济增长潜力充分释放的基础上实现充分就业。要深化收入分配制度改革，在继续做大"蛋糕"的同时，瞄准中等收入群体的潜在来源，用心分好"蛋糕"，通过缩小各类收入差距，把更多人口培育为中等收入群体，同时使其成为扩大消费的主力军。要破除利益固化的樊篱，加快完善社会保障制度，尽快优化并健全户籍制度、养老保险、医疗保障、社会救助等制度安排，进一步畅通向上流动的通道，以扩大社会性流动的方式扩大中等收入群体的比重。

促成以上改革举措、政策措施落地见效，等不得、拖不得。我们注意到，近段时间，从部委到地方，都在加快谋划推进相关方案。人社部公布的《人力资源和社会保障事业发展"十四五"规划》提出，以高校和职业院校毕业生、技能型劳动者、小微创业者、农民工等为重点，不断提高中等收入群体比重。江苏、四川等地近日密集发布相关规划，强调完善企业工资分配决定机制，增加劳动者特别是一线劳动者劳动报酬。密集释放的政策信号表明，我国中等收入群体"扩围""增密"的步伐比以往更快、更大、更坚实。

放眼未来，中等收入群体壮大的过程，也将是我国经济发展不断提升质量、改革红利不断释放的过程。当两者相互促进、达成良性循环，推动共同富裕取得更为明显的实质性进展的目标就一定能够早日实现。

《经济日报》（2021年10月11日 01版）

建设收入分配制度改革试验区助推共同富裕

李 实 杨一心

共同富裕是社会主义的本质要求,是人民群众的共同期盼。党的十九届五中全会对扎实推动共同富裕作出重大战略部署;"十四五"规划和2035年远景目标纲要提出,支持浙江高质量发展建设共同富裕示范区。近日,中共中央、国务院印发《关于支持浙江高质量发展建设共同富裕示范区的意见》(以下简称《意见》),对浙江省深化收入分配制度改革、着力缩小收入差距提出了具体意见建议,特别是赋予浙江建设"收入分配制度改革试验区"的任务。

长期以来,收入分配领域存在诸多问题和矛盾,收入分配差距较大,中等收入群体占比偏低,成为制约共同富裕进程的掣肘。《意见》直面收入差距,体现了党中央、国务院深化收入分配制度改革的决心,为浙江乃至全国推动收入分配制度改革勾画了蓝图,进一步指明了共同富裕的方向。

试验区建设具有重大意义

改革开放以来,特别是"八八战略"实施以来,浙江实现了从经济大省到经济强省、从基本小康到高水平全面小康的跃升。"允许一部分地区、一部分人先富起来"的政策，在以浙江为代表的东部地区得到了成功实践。《意见》明确了浙江高质量发展建设共同富裕示范区的四个战略定位：高质量发展高品质生活先行区、城乡区域协调发展引领区、收入分配制度改革试验区、文明和谐美丽家园展示区。收入分配差距较大一直是改革中"难啃的骨头"，因此，在浙江共同富裕示范区布局中，谋划收入分配制度改革试验区建设具有特别重大意义。

《意见》提出在浙江建设收入分配制度改革试验区，这充分考虑到了浙江具备良好条件。第一，浙江城乡居民收入水平较高。到2020年，城镇、农村居民人均可支配收入分别达到6.27万元和3.19万元，连续20年、36年居全国各省区首位。第二，浙江省内城乡区域发展相对均衡。城乡收入比已降至1.96：1，也是全国唯一一个所有设区市居民收入都超过全国平均水平的省份。第三，浙江市场化程度较高，数字经济、共享经济、民营经济较为发达，各种分配要素活跃。第四，浙江改革和创新意识强。浙江是中国改革开放的先行地，在经济体制改革方面积累了诸多经验，省域范围内有不少重大改革发展举措及工作创新实践经验。这些优势将为收入分配制度改革试验区建设奠定坚实基础。

从长远来看，在浙江建设收入分配制度改革试验区，最终是为在全国推动收入分配制度改革探路。因此，要按照《意见》提出的"坚持按劳分配为主体、多种分配方式并存"原则，不断提高城乡居民收入水平，缩小收入分配差距。同时需要注意到，浙江与其他省份省情不同，发展基础不同，要注重研究改革推动所依赖的条件，发现改革进程中存在的问题，逐步形成全国层面可复制、可推广的成功经验。

健全居民增收的长效机制

收入水平是人民群众最关注的指标,也是衡量共同富裕的最重要指标。《意见》提出的一项重要任务就是要"深化收入分配制度改革,多渠道增加城乡居民收入"。保持居民收入稳定增长,是收入分配制度改革的前提和基础。2014年,浙江省政府制定了《关于促进城乡居民收入持续普遍较快增长的若干意见》,提出实现居民收入增长和经济发展同步、劳动报酬增长和劳动生产率同步。这些年来,浙江走出了一条"藏富于民"的特色道路。站在新的起点上,要拓宽居民增收渠道,稳步提高劳动报酬在国民收入中的比重,进一步健全居民增收的长效机制。

一是推动更高质量更充分就业。近年来,浙江数字经济、共享经济有着不错的发展势头。要以此为契机,深入实施就业优先战略,努力扩大就业面,创造更多就业岗位,推动更高质量充分就业,促进居民收入增长。通过终身教育和终身培训,提高劳动者素质和技能水平,以匹配企业和社会对高技能人才的需求。推进行业工资集体协商谈判机制,将劳动分红、高技能人才待遇、技能创新奖励等纳入工资集体协商范围。

二是拓宽城乡居民增收渠道,鼓励多要素参与分配。《意见》提出,支持浙江加快探索知识、技术、管理、数据等要素价值的实现形式;探索股权流转、抵押和跨社参股等农村集体资产股份权能实现新形式;支持浙江率先建立集体经营性建设用地入市增值收益分配机制。这些政策措施对于推动居民增收具有重要作用。建议浙江根据这一精神积极谋划具体举措,进一步拓宽居民增收渠道,推进居民收入的结构调整。

三是依法维护劳动者收入权益。完善工资稳定增长机制，从政策上支持劳动者获取报酬的权益，推动工资集体协商和工资支付保障制度建设。逐步建立与劳动力市场基本适应、与企业经济效益和劳动生产率相联系的工资决定和正常增长机制。探索与浙江省情相适应的最低工资标准，保护低工资人群的基本权益，强化劳动监察执法职能，严厉查处拖欠农民工工资和不按最低工资规定支付工资的行为。

共同富裕不是搞平均主义

推动共同富裕，需要有更多的中等收入群体。"十四五"规划和2035年远景目标纲要提出，"以高校和职业院校毕业生、技能型劳动者、农民工等为重点，不断提高中等收入群体比重"。《意见》提出实施扩大中等收入群体行动计划，这对于实现"率先在优化收入分配格局上取得积极进展"的目标有重要意义。在谋划这一行动计划中，要将中等收入群体作为经济高质量发展所需消费和产业结构升级、人力资本积累、技术进步等的重要支撑，采取有效措施推动橄榄形社会构建，积极为全国扩大中等收入群体规模积累经验。

如果将年收入介于10万元至50万元的家庭定义为中等收入家庭，利用中国家庭追踪调查数据测算可得到，2020年浙江中等收入群体比重为50%左右，且主要分布在城镇地区。

与全国平均水平相比，这一比重较高，但对于共同富裕示范区的目标来说，这一比重应继续提高。

一是要稳定现有中等收入群体规模，继续保持其稳定的就业和收入增长。特别是一些从事商业服务或生产设备操作等替代性较高的职业，以及制造业和批发零售业等行业的中等收入从业人群，其就业和收入水平易受经济波动和外部冲击的影响，建议通过优化就业服务体系、公共服务体系、完善社会保障制度等，尽可能避免其在遭受风险事故后跌出中等收入群体行列。

二是努力提升中低收入者收入水平，让更多中低收入者进入中等收入群体行列。据估算，浙江低收入群体中有10%的人群已经接近中等收入标准，如果能通过针对性措施将这部分人转变为中等收入群体，将有效改善收入分配状况。建议创造条件提高广大居民的财产性收入，鼓励居民积累财富。对于城镇居民，要积极利用浙江金融产品、金融工具创新的氛围，拓宽居民投资渠道；对于农村居民，创新土地流转收益分享机制，增加财产性收入。当然，只是促进城市户籍人口成为中等收入群体是不够的，应该让更多外来劳动力和人口加入进来，通过优化营商环境、提供优质公共服务吸引高素质人才，积极引入市场机制做好农民工等群体技能培训，提升其劳动技能和技术水平，让他们成为浙江稳定的中等收入群体。

提升低收入群体收入水平

提升低收入群体的收入水平，有利于促进社会稳定，提高代际流动性。浙江省委、省政府2018年印发了《低收入农户高水平全面小康计划（2018—2022年）》，对低收入农户最低收入水平标准、有劳动力的低收入农户年人均收入标准都提出了明确的目标要求。近年来，浙江通过产业结构调整、山海协作工程、消除集体经济薄弱村行动计划、最低生活保障标准城乡一体化等一系列措施，较大幅度地提升了低收入农户收入水平。《意见》就建立健全改善城乡低收入群体等困难人员生活的政策体系和长效机制,作出了更为深入细致的部署。建议围绕规范分配秩序、消除政策性歧视、健全城乡统筹的基本公共服务体系和社会保障制度,提升低收入群体收入水平。

一是健全低收入群体帮扶政策。着眼于地区优势产业,支持一二三产业融合,鼓励低收入农户以土地、林权、劳动为纽带,通过参股、合作等方式,与企业、合作社建立利益联结机制,健全低收入群体参与要素分配机制。扩大农村集体财产积累,实行集体财产股份化、市场化运作方式,增加低收入人群的财产性收入。从长远来看,优质教育、医疗卫生资源向欠发达地区和低收入群体倾斜,有利于提升该群体的人力资本水平和发展能力。因此,要积极推动救助型帮扶政策向发展型帮扶政策转型,激发低收入群体的内生发展动力,使其积极融入"共建、共享"的经济发展进程。

二是完善基本公共服务体系。当前,诸多社会救助、社会福利等基本公共服务项目以户籍为基础,无本地户籍的常住人口难以公平享有基本公共服务,这应该逐步加以解决。建议在兼顾当地财力,综合考虑居民居住年限的基础上,提高外来人口享有基本公共服务的可及性,特别要保障外来人口随迁子女平等享有基本公共教育服务。

三是优化社会保障制度设计。社会保险方面,当前职工基本养老保险基本养老金每年都按照一定比率增长,但城乡居民基本养老保险却尚未建立基本养老金正常调整机制,浙江基本养老金水平还难以实现"保基本"功能(2020年人均300元/月),因此当前应重点完善城乡居民基本养老保险制度,增强参保缴费激励,缩小与职工基本养老保险保障水平差距。从长远来看,要朝着基本养老保险制度整合的目标,探索实行统一的缴费模式,适度降低职工基本养老保险的参保缴费门槛，按照"低标准缴费、低标准享受"的原则，预留两项保险制度衔接接口。要完善城乡居民基本医疗保险制度和大病保险制度，逐步缩小与职工基本医疗保险保障水平的差距，在解决因病致贫返贫问题上出更多实招。社会救助方面，完善最低生活保障制度，提高对低保人群的识别准确度。通过制度优化减少低收入群体为享受专项救助而不愿意退出低保的现象，充分利用大数据技术提升核查水平；扩大临时救助保障范围，放开临时救助的户籍要求。

完善面向高收入群体的收入分配政策

允许一部分人先富起来、先富带后富的政策对于增强经济活力，促进经济发展发挥了重要作用。在浙江这样的先富地区，高收入群体已经形成一定规模，高收入群体获得收入的机会或渠道远多于中低收入群体，收入机会并不完全平等。因此，在做好扩大中等收入群体规模、提升低收入群体收入水平的同时，要进一步完善面向高收入群体的收入分配政策。

一是探索税收制度改革。当前，我国主要以间接税为主，往往具有累退性。从功能上看，直接税更有利于缩小收入差距。个人所得税方面，要更加注重对低收入者的保护，完善专项附加扣除政策。目前，总体上看居民税负水平不低，建议在减免其他税种或降低税率前提下，适时开征财产税（如房产税、遗产赠与税等），调节高收入群体收入。

二是限制不合理收入。调节过高收入，不是限制高收入，而是要限制不合理收入（包括灰色收入、垄断部门高收入）。要继续完善国有企业高管"限薪"制度，健全薪酬分配制度；加快国有垄断行业内部薪酬分配制度和人事制度改革，使垄断行业职工工资水平逐步与劳动力市场价格接轨。此外，要限制公权力对经济干预，消除灰色收入来源。

三是建立健全回报社会的激励机制。近年来，慈善事业有了长足发展，但从国际比较来看，我国慈善规模仍然不大。高收入者如能通过慈善回报社会，有利于缩小收入差距和社会和谐稳定。《意见》就完善有利于慈善组织持续健康发展的体制机制提出了一系列政策举措，建议继续探索慈善的激励机制，创造更加有利于慈善事业发展的宽松环境，引导和激励更多的高收入人群成为慈善事业的主体力量，从而更好发挥第三次分配对于改善收入分配的作用。

《经济日报》（2021年08月19日　01版）

推动共同富裕取得更为明显的实质性进展

王明姬

共同富裕是社会主义制度优越性所在,是社会主义的本质要求,也是人民群众的共同期盼。在庆祝中国共产党成立 100 周年大会上,习近平总书记庄严宣告,"在中华大地上全面建成了小康社会,历史性地解决了绝对贫困问题",同时强调,在新的征程上要"推动人的全面发展、全体人民共同富裕取得更为明显的实质性进展",为我们党带领人民乘势而上、再接再厉、接续奋斗指明了方向。

(一)

实现共同富裕不仅是经济问题,而且是关系党的执政基础的重大政治问题。中国共产党的百年奋斗史,也是党团结带领人民为美好生活长期奋斗、追求全体人民共同富裕的百年探索史。

我们党团结带领人民创造了新民主主义革命的伟大成就,建立了新中国,为摆脱贫困创造了根本政治条件。我们进行社会主义革命,确立社会主义基本制度,推进社会主义建设,实现了中华民族有史以来最为广泛而深刻的社会变革,实现了一穷二白、人口众多的东方大国大步迈进社会主义社会的伟大飞跃，为中国人民追求共同富裕奠定了根本政治前提和制度基础。改革开放以来，我们党团结带领人民开创、坚持、捍卫、发展中国特色社会主义，实现了从生产力相对落后的状况到经济总量跃居世界第二的历史性突破，实现了人民生活从温饱不足到总体小康、奔向全面小康的历史性跨越。党的十八大以来，以习近平同志为核心的党中央高度重视脱贫攻坚工作，提出精准扶贫理念，创新扶贫工作机制，提出实现脱贫攻坚目标的总体要求，发出打赢脱贫攻坚战的总攻令，聚力攻克深度贫困堡垒，攻克了一个又一个贫中之贫、坚中之坚，脱贫攻坚取得了重大历史性成就。这不仅实现了中国人几千年来摆脱绝对贫困的梦想，而且为实现全体人民共同富裕提供了更为完善的制度保障、更为坚实的物质基础、更为强大的精神力量。

脱贫攻坚战的全面胜利，标志着我们党在团结带领人民创造美好生活、实现共同富裕的道路上迈出了坚实的一大步。同时，脱贫摘帽不是终点，而是新生活、新奋斗的起点，解决发展不平衡不充分问题、缩小城乡区域发展差距、实现人的全面发展和全体人民共同富裕仍然任重道远。

（二）

推动全体人民共同富裕取得更为明显的实质性进展，首要的是理解共同富裕的深刻内涵。就主体而言，共同富裕是"全民共富"。不是一部分人和一部分地区的富裕，是全体人民的共同富裕，是要让全体人民共享发展成果、过上幸福美好的生活。就内容而言，共同富裕是"全面富裕"。马克思主义认为，共同富裕的一个判断标准，就是实现人的自由而全面的发展。也就是说，共同富裕不只是生活的富裕富足，也包括精神的自信自强，还包括环境的宜居宜业、社会的和谐和睦、公共服务的普及普惠等，发展成果需全方位满足人民在物质、政治、文化、社会等方面的美好生活需要。就实现前提而言，共同富裕是"共建共富"。实现共同富裕需要全体人民的共同努力，人人参与，人人尽力，人人享有，共建美好家园，共享美好生活。就发展过程而言，共同富裕是"逐步共富"。共同富裕不是同时同步富裕，任何事物的发展都有一个循序渐进的过程。促进全体人民共同富裕是一项长期艰巨的任务，相关制度的完善、基础条件的改善、致富能力的提升都是一个动态的过程，需要遵循规律、脚踏实地、逐步解决。就长期目标而言，共同富裕不是简单地进行财富分配，而是旨在持续提升人们创造财富的能力、提升人力资本效能，即推动人的素质多方面、多层次和多样化发展。

与此同时，需把握"共同"和"富裕"之间的关系。共同富裕是消除了两极分化和贫穷基础之上的普遍富裕，意味着既要"做大蛋糕"也要"分好蛋糕"。"富裕"体现了社会生产力的发展水平，属于"做大蛋糕"；"共同"意味着全体人民共同享有平等的发展机会和成果，属于"分好蛋糕"。"做大蛋糕"是实现共同富裕的前提和基础，"分好蛋糕"是实现共同富裕的结果，因此，实现共同富裕是一个人人拥有平等创造财富机会、分享财富结果、提升致富能力的长期动态的社会过程，实现"富裕"靠发展，实现"共同"靠共享。

（三）

如何实现共同富裕？这是一条前人没有走过的路。我们党团结带领人民在扎实推动共同富裕的历程中,积累了宝贵经验。

一是始终坚持党的全面领导。办好中国的事情,关键在党。百年征程已经雄辩地证明,中国共产党一经诞生,就把为中国人民谋幸福、为中华民族谋复兴确立为自己的初心使命,我们党具有无比坚强的领导力、组织力、执行力,是团结带领人民攻坚克难、开拓前进最可靠的领导力量。只要我们始终不渝坚持党的领导,不断完善党的领导,充分发挥党总揽全局、协调各方的领导核心作用,就能确保我们始终朝着推动共同富裕的正确方向前进,不断满足人民对美好生活的向往。

二是践行以人民为中心的发展思想。共同富裕,简单地说,就是全体人民都过上好日子,这是人民群众的共同期盼。我们党始终坚定人民立场,强调消除贫困、改善民生、实现共同富裕是社会主义的本质要求。在推动共同富裕的过程中,要把实现好、维护好、发展好最广大人民的根本利益作为一切工作的出发点和落脚点,把群众满意度作为衡量成效的重要尺度,充分考量人民对美好生活的需要,努力实现人民群众在物质财富、精神追求、宜居生态等方面的期盼,更加自觉地使改革发展成果更多更公平惠及全体人民。

三是坚持和完善社会主义基本经济制度。公有制为主体、多种所有制经济共同发展,按劳分配为主体、多种分配方式并存,社会主义市场经济体制等社会主义基本经济制度,既体现了社会主义制度优越性,又同我国社会主义初级阶段社会生产力发展水平相适应,这是实现共同富裕的制度前提、有效路径和实现机制。要毫不动摇巩固和发展公有制经济,毫不动摇鼓励、支持、引导非公有制经济发展;在收入分配调节上下功夫,完善初次分配制度,提高劳动报酬在初次分配中的比重,健全工资决定和正常增长机制,同时健全生产要素由市场评价贡献、按贡献决定报酬的机制;发挥市场在资源配置中的决定性作用,更好发挥政府作用,全面贯彻新发展理念,坚持以供给侧结构性改革为主线,以更好地发展解决当前存在的问题。

四是加强有利于社会成员共同发展的制度保障。实现共同富裕,需要全体社会成员实现高水平的共同发展。以发展机会均等、竞争机会均等完善共建共治共享的社会治理制度,推进公共服务均等化,加大公共财政支出用于民生保障的力度,稳步提高城乡基本公共服务均等化的水平。既要坚持和完善先富带共富的战略部署,允许和鼓励一部分地区、一部分人先富起来,也要通过实施一系列政策措施,使当前存在的发展不平衡状况得到有效缓解,使全体人民逐步迈向共同富裕。

《经济日报》(2021年08月23日　10版)

人民精神生活共同富裕不可或缺

北京市习近平新时代中国特色社会主义思想研究中心

共同富裕是全体人民的富裕，是人民群众物质生活和精神生活都富裕。近日召开的中央财经委员会第十次会议强调，"要促进人民精神生活共同富裕，强化社会主义核心价值观引领，不断满足人民群众多样化、多层次、多方面的精神文化需求"。这就告诉我们，把促进全体人民共同富裕作为为人民谋幸福的着力点，在高质量发展中促进共同富裕，既要促进人民物质生活共同富裕，也要促进人民精神生活共同富裕，努力实现人民物质生活共同富裕和精神生活共同富裕的平衡。

促进人民精神生活共同富裕是实现共同富裕的重要内容

中国的传统文化中不乏体现人们对精神生活追求的内容。如《桃花源记》以武陵渔人进出桃花源的行踪为线索，写出了一个和平、宁静、平等、安乐的理想社会。在这个虚构的世外桃源中，人人自由安乐，彼此和睦相处，展示了人们对实现精神生活共同富裕的向往。

马克思在强调人类社会生产力的发展的同时，也强调人的精神世界及其精神生活的充裕和满足。如果把共同富裕单纯理解为物质生活的共同富裕显然是片面的、狭隘的，因为人类的物质活动是自觉的、有目的的活动，人类精神活动也必定借助于一定的物质过程来实现。纯粹的物质生活或纯粹的精神生活都是不存在的，也是不可能的。

马克思在批判资本主义的基础上，对未来理想社会进行了科学构想。在马克思看来，只有消灭剥削阶级，全体劳动者才能够平等地享受物质文明成果和精神文明成果，到那时，"通过社会生产，不仅可能保证一切社会成员有富足的和一天比一天充裕的物质生活，而且还可能保证他们的体力和智力获得充分的自由的发展和运用"。

实现共同富裕不仅是经济问题，而且是关系党的执政基础的重大政治问题。党的十八大以来，习近平总书记就共同富裕发表了一系列重要论述，强调"让发展成果更多更公平惠及全体人民，不断促进人的全面发展，朝着实现全体人民共同富裕不断迈进"。把人民精神生活共同富裕作为推进共同富裕取得实质性进展的内涵之一，充分体现了以习近平同志为核心的党中央面对复杂多变的外部环境和艰巨繁重的国内改革发展稳定任务，努力实现人民物质生活共同富裕和精神生活共同富裕的巨大理论勇气和实践智慧。

促进人民精神生活共同富裕契合社会主要矛盾发展变化带来的新特征新要求

党的十九届五中全会深入分析我国发展环境面临的深刻复杂变化，提出"我国已转向高质量发展阶段""同时我国发展不平衡不充分问题仍然突出"。经过改革开放40多年的快速发展，我国社会生产力水平总体上显著提高,社会生产能力在很多方面进入世界前列。目前,我国人均国内生产总值达到1万美元,城镇化率超过60%,中等收入群体超过4亿人。随着人们生活水平显著提高,对美好生活的向往更加强烈,对美好生活的要求也不断提高。我国社会主要矛盾已经转化为人民日益增长的美好生活需要和不平衡不充分的发展之间的矛盾。我们必须深刻认识把握社会主要矛盾变化带来的新特征新要求,更加注重发展质量和效益的提升。

"美好生活需要"意味着更高的生活品质,意味着必须在高质量发展中增进民生福祉。无论是追求更高的生活品质还是进一步增进民生福祉,都离不开促进人民精神生活共同富裕。"美好生活需要"的基本面更广、对质量的要求也更高。人民美好生活需要已经从过去的物质文化领域拓展到更多领域,这就意味着不仅要满足人民对物质文化生活提出的新的更高要求,还要满足人民对民主、法治、公平、正义、安全、环境等方面的需要,这些无疑都与人民精神生活需要紧密相关。只有促进人民精神生活共同富裕,才能满足人民群众多样化、多层次、多方面的精神文化需求,实现人民对美好生活的向往。

党的十九届五中全会提出了到2035年全体人民共同富裕取得更为明显的实质性进展的目标,并对扎实推动共同富裕作出重大部署。这里所提及的"实质性进展"就包括要在人民精神生活共同富裕方面取得实质性进展。

努力实现物质生活共同富裕和精神生活共同富裕的平衡

当前,我国发展不平衡不充分问题仍然突出,发展质量效益有待提高，居民生活品质还需改善，精神文明和生态文明建设还有提升空间，这些问题都是促进共同富裕亟待破解的问题。新的征程上，我们要坚持以人民为中心的发展思想，在高质量发展中促进共同富裕。通过推动高质量发展不断提升综合国力、社会生产力、人民生活水平，在促进人民物质生活共同富裕的同时促进人民精神生活共同富裕，不断满足人民在物质生活和精神生活方面对美好生活的新期待，实现物质生活共同富裕和精神生活共同富裕的平衡。

当今世界正经历百年未有之大变局，我国发展的内部条件和外部环境正在发生深刻复杂变化。要深刻认识到高质量发展是"十四五"乃至更长时期我国经济社会发展的主题，是对经济社会发展方方面面的总要求。立足新发展阶段、贯彻新发展理念、构建新发展格局，我们必须牢牢把握扩大内需这一战略基点，充分发挥国内超大规模市场优势，着力推动经济发展质量变革、效率变革、动力变革，增强经济竞争力、创新力、抗风险能力，努力实现更高质量、更有效率、更加公平、更可持续、更为安全的发展，以经济高质量发展筑牢精神生活共同富裕的物质基础。同时，要大力发展中国特色社会主义文化，加强社会主义精神文明建设，激发全民族文化创新创造活力，建设社会主义文化强国，通过强化社会主义核心价值观引领、充分发挥中华优秀传统文化的滋养作用等，不断满足人民群众多样化、多层次、多方面的精神文化需求。

（执笔：杨　海）

《经济日报》（2021年08月25日　10版）

在接续奋斗中实现共同富裕

河北省中国特色社会主义理论体系研究中心

近日召开的中央财经委员会第十次会议指出,"适应我国社会主要矛盾的变化,更好满足人民日益增长的美好生活需要,必须把促进全体人民共同富裕作为为人民谋幸福的着力点,不断夯实党长期执政基础"。今年4月,习近平总书记在广西考察时提出,"让人民生活幸福是'国之大者'""要在新起点上接续奋斗,推动全体人民共同富裕取得更为明显的实质性进展"。经过全党全国各族人民持续奋斗,我们实现了第一个百年奋斗目标,全面建成了小康社会,历史性地解决了绝对贫困问题,正在向着全面建成社会主义现代化强国的第二个百年奋斗目标迈进。在新的征程上,我们还要接续奋斗,在高质量发展中促进共同富裕,朝着实现全体人民共同富裕的目标稳步迈进。

党始终带领人民为创造美好生活、实现共同富裕而不懈奋斗

共同富裕是社会主义的本质要求,是人民群众的共同期盼,是中国式现代化的重要特征。消除贫困、改善民生、实现共同富裕，是我们党矢志不渝的奋斗目标。在新中国成立之初，毛泽东同志就提出了我国发展富强的目标，指出"这个富，是共同的富，这个强，是共同的强，大家都有份"。进入改革开放新时期，邓小平同志指出，"我们始终坚持两条根本原则，一是以社会主义公有制经济为主体，一是共同富裕""社会主义最大的优越性就是共同富裕"。中国特色社会主义进入新时代，习近平总书记强调，"我们追求的发展是造福人民的发展，我们追求的富裕是全体人民共同富裕""我们推动经济社会发展，归根结底是要实现全体人民共同富裕"。党的十八大以来，党中央把逐步实现全体人民共同富裕摆在更加重要的位置上，坚持在发展中保障和改善民生，组织开展了声势浩大的脱贫攻坚人民战争。脱贫攻坚战的全面胜利，标志着我们党在团结带领人民创造美好生活、实现共同富裕的道路上迈出了坚实的一大步。打赢脱贫攻坚战，全面建成小康社会，为促进共同富裕创造了良好条件。向着第二个百年奋斗目标迈进，我们还要始终坚持以人民为中心的发展思想，一件事情接着一件事情办，一年接着一年干，着力解决发展不平衡不充分问题和人民群众急难愁盼问题，不断推动人的全面发展、全体人民共同富裕取得更为明显的实质性进展。

实现全体人民共同富裕是一个循序渐进的发展过程

由于共同富裕是全体人民的富裕，是人民群众物质生活和精神生活都富裕，不是少数人的富裕，也不是整齐划一的平均主义，所以必然要坚持循序渐进，分阶段促进共同富裕。要立足社会主义初级阶段，允许一部分人先富起来，先富带后富、帮后富；要尽力而为量力而行，建立科学的公共政策体系，形成人人享有的合理分配格局；同时，还应统筹需要和可能，把保障和改善民生建立在经济发展和财力可持续的基础上。可以说，改革发展的每个阶段都要为这一进程增添成果，提升人民群众的获得感、幸福感、安全感，从而增强目标认同和激励作用。习近平总书记在全国脱贫攻坚总结表彰大会上提出："在全面建设社会主义现代化国家新征程中，我们必须把促进全体人民共同富裕摆在更加重要的位置，脚踏实地、久久为功，向着这个目标更加积极有为地进行努力，促进人的全面发展和社会全面进步，让广大人民群众获得感、幸福感、安全感更加充实、更有保障、更可持续。""十四五"规划和2035年远景目标纲要强调"坚持共同富裕方向"，并提出了"十四五"时期要实现"民生福祉达到新水平"的目标，全体人民共同富裕迈出坚实步伐，进而到2035年实现"人民生活更加美好，人的全面发展、全体人民共同富裕取得更为明显的实质性进展"的目标。

扎实促进共同富裕必须坚持以人民为中心的发展思想

实现共同富裕不仅是经济问题，而且是关系党的执政基础的重大政治问题。我们党来自人民、植根人民、服务人民，党的根基在人民、血脉在人民、力量在人民。习近平总书记强调："中国共产党始终代表最广大人民根本利益，与人民休戚与共、生死相依，没有任何自己特殊的利益，从来不代表任何利益集团、任何权势团体、任何特权阶层的利益。"因此，我们党决不允许贫富差距越拉越大，而是注重倾听人民呼声、回应人民期待，保证人民平等参与、平等发展权利，维护社会公平正义，不断实现好、维护好、发展好最广大人民根本利益，使发展成果更多更公平惠及全体人民，在经济社会不断发展的基础上，朝着共同富裕方向稳步前进。中央财经委员会第十次会议提出"构建初次分配、再分配、三次分配协调配套的基础性制度安排，加大税收、社保、转移支付等调节力度并提高精准性，扩大中等收入群体比重，增加低收入群体收入，合理调节高收入，取缔非法收入，形成中间大、两头小的橄榄型分配结构"，就是为了正确处理效率和公平的关系，促进社会公平正义。同时，还要打破利益固化的藩篱，鼓励勤劳创新致富，为人民提高受教育程度、增强发展能力创造更加普惠公平的条件，畅通向上流动通道，给更多人创造致富机会。

实现巩固拓展脱贫攻坚成果同乡村振兴有效衔接

脱贫摘帽不是终点，而是新生活、新奋斗的起点。实现人的全面发展和全体人民共同富裕仍然任重道远。打赢脱贫攻坚战后，还要切实做好巩固拓展脱贫攻坚成果同乡村振兴有效衔接各项工作，让脱贫基础更加稳固、成效更可持续，通过持续缩小城乡区域发展差距，让低收入人口和欠发达地区共享发展成果，在现代化进程中不掉队、赶上来。实施乡村振兴战略是加快农村发展、改善农民生活、推动城乡一体化的重大战略。立足新发展阶段，全面实施乡村振兴战略的深度、广度、难度都不亚于脱贫攻坚。这是由我国城乡发展不平衡等现实问题所决定的。我们已经解决了绝对贫困问题，进一步治理相对贫困，使脱贫群众过上更加富裕的生活，还需要接续奋斗。为此，必须把发展现代农业作为实施乡村振兴战略的重中之重，把生活富裕作为实施乡村振兴战略的中心任务，巩固拓展脱贫攻坚成果，全面推进乡村振兴，做好加强农村基础设施和公共服务体系建设、改善农村人居环境等方面的工作，促进农民农村共同富裕。

（执笔：王　菲）

《经济日报》（2021年08月25日　10版）

促进共同富裕需把握好几个关系

王艺苑

习近平总书记在近日召开的中央财经委员会第十次会议上发表重要讲话强调,"共同富裕是社会主义的本质要求,是中国式现代化的重要特征,要坚持以人民为中心的发展思想,在高质量发展中促进共同富裕"。党的十九届五中全会明确提出了到2035年基本实现社会主义现代化远景目标,其中就包括"全体人民共同富裕取得更为明显的实质性进展"。我国脱贫攻坚战取得了全面胜利,标志着我们党在团结带领人民创造美好生活、实现共同富裕的道路上迈出了坚实的一大步,但解决发展不平衡不充分问题、缩小城乡区域发展差距、实现人的全面发展和全体人民共同富裕仍然任重道远。新的征程上,在高质量发展中促进共同富裕,需要准确把握好以下几个关系。

正确把握物质富裕和精神富裕的关系。共同富裕是全体人民的富裕,是人民群众物质生活和精神生活都富裕。坚持物质和精神相统一的全面富裕,是社会主义现代化建设的基本要求。一方面,共同富裕立足于物质富裕。经济基础决定上层建筑,物质财富的富足是共同富裕的重要内容,只有经济和物质财富不断积累,才能为精神富裕提供坚实的基础。另一方面，共同富裕也蕴含着精神富裕。人的全面发展和社会的全面进步离不开精神富裕。中国特色社会主义进入新时代，我国生产力水平总体上显著提高，社会生产能力在很多方面进入世界前列，人民群众的需要呈现多样化多层次多方面的特点，对质量的要求也更高。实现共同富裕，应该是涵盖各方面的全方位的富裕。物质富裕和精神富裕从人的需求方面阐释了共同富裕的科学内涵，两者相辅相成、缺一不可。

正确把握勤劳致富和创新致富的关系。中央财经委员会第十次会议强调，"要鼓励勤劳创新致富，坚持在发展中保障和改善民生"。共同富裕作为中国人民千百年来念兹在兹的美好夙愿，其成功实现离不开人民群众的辛勤劳动和创新劳动。一方面，勤劳致富是实现共同富裕的前提。当前我国仍处于社会主义初级阶段，需要广大劳动人民艰苦奋斗，坚决摒弃一切"等靠要"等消极思想。另一方面，创新致富能为促进共同富裕注入强大动力。"科学技术是第一生产力"。当前我国部分领域的科学技术水平已经领先于世界，但同时也有多处面临着"卡脖子"的被动局面。必须清醒地认识到，关键核心技术是要不来、买不来的，必须依靠自主创新实现突破。勤劳致富和创新致富从不同的角度阐释如何促进共同富裕，两者是相辅相成、相互促进的关系。勤劳绝不能仅限于重复低端的简单劳动，而创新背后必然凝结着大量的辛勤劳动。在高质量发展中促进共同富裕，必须依靠勤劳和创新来不断夯实共同富裕的重要基础。

正确把握尽力而为和量力而行的关系。习近平总书记指出，"共同富裕路上，一个也不能掉队"。在高质量发展中促进共同富裕，实现人民对美好生活的向往，既要尽力而为，也要量力而行，必须把握好两者的关系。一方面，要紧紧抓住人民群众最关心最直接最现实的利益问题，主动解决地区差距、城乡差距、收入差距等问题，坚持在发展中保障和改善民生，在更大的范围、更多的领域使全体人民享受到高质量发展的成果。另一方面，也要尊重客观规律，充分考虑我国社会发展能力和水平，把保障和改善民生建立在经济发展和财力可持续的基础之上，防止脱离经济基础与物质限制的不切实际的拔高，避免掉入"高福利陷阱"。尽力而为和量力而行，两者辩证统一于发展之中，共同检验着高质量发展的程度和水平，确保逐步实现全体人民共同富裕。

正确把握循序渐进和先行示范的关系。中央财经委员会第十次会议指出，"要坚持循序渐进，对共同富裕的长期性、艰巨性、复杂性有充分估计，鼓励各地因地制宜探索有效路径，总结经验，逐步推开"。实现共同富裕是一个长期的过程，需要循序渐进地推进。在社会主义初级阶段，政策措施的制定都必须牢牢立足这一最大实际。而且，我国地域辽阔、人口庞大，各地区资源禀赋、城乡融合程度、劳动力素质不同，必然会有一部分地区、一部分人先发展先富起来。因此，循序渐进促进共同富裕是符合生产力发展规律和我国国情的科学论断。同时，促进共同富裕也需要先行示范、重点突破，可选取具备相应条件的地区先行探索，形成可复制、可推广的经验，为在全国范围内铺开实施作出示范。今年6月，《中共中央国务院关于支持浙江高质量发展建设共同富裕示范区的意见》发布，标志着浙江省成为探索共同富裕示范区建设的"排头兵"。循序渐进和先行示范，是"两点论"和"重点论"相统一的方法论，既有利于统筹兼顾，又能做到精准发力，有利于在高质量发展中促进共同富裕。

《经济日报》（2021年09月06日　11版）

乡村振兴是实现共同富裕必经之路

何自力

实现共同富裕是社会主义的本质要求，是人民群众的共同期盼，而要实现共同富裕，乡村振兴是必经之路。乡村振兴不仅要巩固脱贫攻坚成果，而且要以更有力的举措、汇聚更强大的力量，加快农业农村现代化步伐。立足新发展阶段，我们要把促进农民增收、提升农业供给质量、提高城乡一体化水平作为重点来抓，从而有力推进农业农村现代化，推动全体人民共同富裕迈出坚实步伐。

把握农业农村发展的阶段性特征

改革开放40多年来，我国农业农村发展取得了长足进步，特别是党的十八大以来，以习近平同志为核心的党中央把解决好"三农"问题作为全党工作的重中之重，坚持农业农村优先发展总方针，农业农村发展取得了历史性成就，发生了历史性变革。其一，我国粮食年产量连续多年保持在1.3万亿斤以上，粮食供给总体充裕。农民人均收入大幅提升，农民生活水平极大提高。其二，农业现代化水平快速提高，农业物质技术装备水平大幅提升，现代生产要素和技术手段已成为农业发展的主要驱动力。其三，随着工业化、城镇化的快速推进，农村的人口结构、产业结构、村庄布局等发生深刻变化，整体跃上新台阶。其四，农村人居环境明显改善，农村改革向纵深推进，农村社会保持和谐稳定。其五，新时代脱贫攻坚目标任务如期完成，现行标准下农村贫困人口全部脱贫，贫困县全部摘帽，消除了绝对贫困和区域性整体贫困，创造了人类减贫史上的奇迹。

全面建成小康社会、实现第一个百年奋斗目标之后，我们踏上全面建设社会主义现代化国家新征程，这给农业农村发展和乡村振兴提出了一系列新的课题。包括：要按照"产业兴旺、生态宜居、乡风文明、治理有效、生活富裕"的总要求，促进乡村全面发展；要严守18亿亩耕地红线，实施高标准农田建设工程，夯实粮食生产能力基础，提高农业产业化经营水平，确保粮食安全；要推动新型城镇化高质量发展，进一步加大农村公共基础设施和公共服务投入，加快推进城乡基础设施和公共服务一体化；要进一步增加农民收入，大力缩小城乡收入差距，改善农民生活条件，推动农民全面发展；要建立健全巩固拓展脱贫攻坚成果长效机制，提升脱贫地区整体发展水平；等等。总的来看，这些新课题，既是新发展阶段解决好"三农"问题的重要内容，也与实现全体人民共同富裕目标息息相关，需要我们高度关注、切实推进。

促进农民增收是关键

推动乡村振兴，实现共同富裕，促进农业稳定发展和农民增收是关键所在。要以新发展理念为引领，切实提高农民收入水平，促进全体人民共同富裕。

习近平总书记指出，人民是我们党执政的最深厚基础和最大底气。为人民谋幸福、为民族谋复兴，这既是我们党领导现代化建设的出发点和落脚点，也是新发展理念的"根"和"魂"。全面实施乡村振兴战略，要让农民在实现共同富裕上取得更为明显的实质性进展，这是实现农业农村现代化的重要任务，也是衡量农业农村现代化水平的重要尺度。提升农民收入水平的途径有许多，目前要着重在以下几个方面发力：一是进一步推动农村土地"三权分置"改革，赋予农民更多的财产权利，调动农民生产积极性；二是大力发展和壮大村级集体经济，提高村集体和农民个人收入，促进农民持续增收；三是培育新型农业经营主体，加大力度培养新型职业农民，全面提升农村人力资源素质；四是健全防止返贫动态监测和帮扶机制，对易返贫致贫人口及时发现、及时帮扶，同时还要高度重视解决农村低收入人口发展增收和民生困难问题，帮助农村低收入人口创造更有保障、更加宽裕的美好生活。

提升农业供给质量是主线

共同富裕重在富裕农民，促进农民增收，而实现农民增收的必由之路是完善农业发展基础，提升农业供给质量，加快农业现代化进程，这是主线所在。

农业既是安天下、稳民心的基础产业，又是关乎百姓饭碗和亿万农民生计的民生产业。现阶段我国在农业发展方面还存在诸多弱项和短板，必须加大力度提升农业供给质量，不断完善农业发展基础。在这一过程中，要扎实推进粮食生产功能区和重要农产品生产保护区建设，不断提高粮食产量，把中国人的饭碗牢牢端在自己手中；要稳定种粮农民补贴，切实保证农民种粮有合理收益，提高农民种粮积极性；要进一步优化农业结构，推动品种培优、品质提升、品牌打造和标准化生产，深入推进优质粮食工程，切实提高农产品供给质量；要加快构建现代养殖体系，全面提高农业产业化经营水平；要优化农产品贸易布局，实施农产品进口多元化战略，支持企业融入全球农产品供应链，向农产品价值链高端迈进；要开展粮食节约行动，依法依规厉行粮食节约，减少生产、流通、加工、存储、消费环节的粮食损耗浪费；要加强农业种质资源保护开发利用，有序推进生物育种产业化应用，切实加强育种领域知识产权保护；坚决守住18亿亩耕地红线，统筹布局生态、农业、城镇等功能空间，科学划定各类空间管控边界，严格实行土地用途管制，落实最严格的耕地保护制度；构建现代乡村产业体系，打造农业全产业链，加快健全现代农业全产业链标准体系；推进现代农业经营体系建设，发展壮大农业专业化社会化服务组织，支持农业产业化龙头企业创新发展、做大做强。

推动城乡一体化建设是基础

推进城乡发展一体化，是国家现代化的重要标志，也是实现农民全面发展、农业农村全面进步的基础所在。在推进城乡发展一体化过程中，必须坚持共享发展理念，把改善农村基础设施和提高基本公共服务水平放在重要位置，提升乡村治理水平，进一步夯实乡村振兴基础，推动城乡一体化建设。一是加快推进村庄规划，保护传统村落、传统民居和历史文化名村名镇，使乡村风貌既具有独特的民族特色又富有鲜明的时代气息。二是提升公共基础设施建设和公共服务的智能化水平，着力推进公共基础设施往村覆盖、往户延伸，加快实施数字乡村建设发展工程。三是适应城乡居民共享社会发展成果需要，以城乡基本公共服务均等化为重点，把社会事业发展重点放在农村，推进城乡基本公共服务标准统一、制度并轨，实现从形式上的普惠向实质上的公平转变。四是适应绿色发展需要，深入推进村庄清洁和绿化行动，加大农村面源污染防治力度，建立健全人居环境建设的制度规范，加快美丽乡村建设。此外，还要把县域作为城乡融合发展的重要切入点，破除城乡分割的体制弊端，强化县城综合服务能力，把乡镇建设成为服务农民的区域中心。总之，推进城乡发展一体化，关键要强化统筹谋划和顶层设计，健全城乡发展一体化体制机制，加快打通城乡要素平等交换、双向流动的制度性通道，既大力实施乡村建设行动，又推进以人为核心的新型城镇化，从而为推动乡村振兴、实现全体人民共同富裕夯实基础。

《经济日报》（2021年09月22日 11版）

为实现共同富裕凝聚文化力量

牛家儒　张佑嘉

共同富裕是全体人民的富裕，是人民群众物质生活和精神生活都富裕。在高质量发展中推动共同富裕，文化是重要支点；满足人民日益增长的美好生活需要，文化是重要因素。因此，促进人民精神生活共同富裕，要围绕举旗帜、聚民心、育新人、兴文化、展形象的使命任务，坚持满足人民文化需求和增强人民精神力量相统一，推动社会主义文化繁荣兴盛，在推动社会主义文化强国建设中厚植共同富裕的文化氛围。

牢牢把握社会主义先进文化前进方向，坚定不移走中国特色社会主义文化发展道路，为促进人民精神生活共同富裕建设具有强大凝聚力和引领力的社会主义意识形态。意识形态决定了文化前进方向和发展道路，对于社会主义意识形态、社会主义文化来说，其旗帜和灵魂就是马克思主义。我们建设的文化是社会主义文化，这就从根本上决定了任何时候都必须毫不动摇地坚持马克思主义。在促进人民精神生活共同富裕的实践中，要坚定不移用习近平新时代中国特色社会主义思想武装头脑、指导实践、推动工作，促进全体人民在思想上精神上紧紧团结在一起。

强化社会主义核心价值观引领，提高社会文明程度，为促进人民精神生活共同富裕厚植文化氛围。促进人民精神生活共同富裕，需要把全社会意志和力量凝聚起来。社会主义核心价值观凝结着全体人民共同的价值追求，蕴含着社会主义现代化的价值目标，是当代中国精神的集中体现，是凝聚民心、汇聚民力的强大力量，因此要强化教育引导、实践养成、制度保障，夯实在高质量发展中推动人民精神生活共同富裕的思想道德基础。要提高社会文明程度，推动学习贯彻习近平新时代中国特色社会主义思想走深走心走实，实现理想信念教育常态化制度化。要加强爱国主义、集体主义、社会主义教育，深入实施公民道德建设工程，推进社会公德、职业道德、家庭美德、个人品德建设。要深入实施文明创建工程，深化群众性精神文明创建活动，扎实推进新时代文明实践中心建设，打造精神文明高地，厚植勤劳致富、共同富裕的文化氛围。

繁荣发展社会主义文艺，充分发挥文艺引领时代风尚的作用，为促进人民精神生活共同富裕凝聚强大力量。文艺是文化的重要组成部分，也是传播文化的有力载体。文艺也最能代表一个民族的风貌，最能引领一个时代的风气，反映一个国家、一个民族的文化创造能力和水平。促进人民精神生活共同富裕，实现中华民族伟大复兴，需要振奋人心的伟大作品。要坚持以人民为中心的创作导向，坚持为人民服务、为社会主义服务根本方向，扎根人民、扎根促进共同富裕的伟大实践开展艺术创作，创造出反映人民呼声、体现人民情感、表达人民愿望的文艺作品，不断推出反映时代新气象、讴歌人民新创造的文艺精品。

把发展文化事业作为保障人民文化权益的基本途径，不断满足人民群众多样化、多层次、多方面的精神文化需求。实现好、维护好、发展好人民文化权益，是社会主义文化建设的根本目的，是推动我国文化发展的出发点和落脚点，也是促进人民精神生活共同富裕的重要保障。在这一过程中，要推动中华优秀传统文化创造性转化、创新性发展，继承革命文化，发展社会主义先进文化；完善现代公共文化服务体系，提高城乡基本公共文化服务均等化水平，为人民群众提供更高质量、更有效率、更加公平、更可持续的公共文化服务；广泛开展全民健身运动，推动全民健身和全民健康深度融合。

坚持把社会效益放在首位、社会效益和经济效益相统一，提高文化产业发展质量和水平，为促进人民精神生活共同富裕提供高品质的文化产品。加快发展文化产业，不仅对推动社会主义文化繁荣发展、更好满足人民精神文化生活需求具有重大意义，而且对在高质量发展中实现共同富裕也至关重要。衡量文化产业发展质量和水平，最重要的不是看经济效益，而是看能不能提供更多既能满足人民文化需求、又能增强人民精神力量的文化产品。要坚持把社会效益放在首位、社会效益和经济效益相统一，深化文化体制改革，完善文化产业规划和政策，加强文化市场体系建设。要顺应文化产业数字化发展趋势，加快发展新型文化企业、文化业态、文化消费模式。要以文塑旅、以旅彰文，推动文化和旅游融合发展，为促进人民精神生活共同富裕提供高品质和多样化的文化产品。

《经济日报》（2021年09月30日　10版）

在高质量发展中促进共同富裕

蔡 昉

中央财经委员会第十次会议强调,"在高质量发展中促进共同富裕,正确处理效率和公平的关系,构建初次分配、再分配、三次分配协调配套的基础性制度安排"。共同富裕是中国共产党人初心和使命的表达,也是改革开放和现代化建设过程中始终坚守的目标。这一次党中央再次强调共同富裕的一个新要点,就是在高质量发展中促进共同富裕。我们可以从以下三个方面来理解这个新部署。

共同富裕是高质量发展的归宿

党的十九大作出我国经济已由高速增长阶段转向高质量发展阶段的重要判断。这不仅要求发展方式和增长动能转换到高质量发展的轨道上,也意味着更加注重以新的理念和方式分享发展成果。在新发展阶段实现高质量发展,就是在新发展理念指导下发展。一方面,着力落实共享发展理念,以改革开放发展的成果不断满足人民日益增长的美好生活需要;另一方面,着力建设现代化经济体系,通过改革提高生产率、创新能力和竞争力,解决发展中存在的不平衡不充分问题。

改革开放 40 多年来，我国创造了史无前例的经济发展奇迹，表现为经济总量的高速增长以及人民生活水平的大幅提高。在 1978 年至 2020 年期间，我国国内生产总值（GDP）大幅增长，在人均 GDP 增长的基础上，居民人均可支配收入也保持了总体同步。党的十八大以来，在经济以中高速增长的情况下，我国加大了改善民生和脱贫攻坚力度。经过全党全国各族人民持续奋斗，如期实现全面建成小康社会的目标，历史性地解决了绝对贫困问题，在共同富裕的道路上又迈出实质性的步伐。

转向高质量发展阶段，坚持共享发展既要做大"蛋糕"，也要分好"蛋糕"。相应地，收入分配从以初次分配为主，逐步提高再分配的作用，转向初次分配、再分配、三次分配互为补充和协调配套，更加注重效率和公平有机统一。以坚持社会主义基本经济制度为前提，在搞好初次分配的基础上做好再分配，实质性缩小收入和基本公共服务供给上的差距，同时倡导和鼓励自愿捐助、慈善事业、企业社会责任和志愿者活动，扩大三次分配的自觉性和作用范围。

提高生产率和共享成果并重

提高经济发展的质量，需要从供给侧和需求侧同时推进、协同发力。一方面，提高生产率以保证我国经济在合理区间增长，为共同富裕提供物质保障；另一方面，共享生产率提高成果也是促进共同富裕的必然途径。

随着我国经济发展和人口转变都发生阶段性变化，在过去几十年中支撑高速增长的人口红利趋于消失，要素投入不再支撑以往的增长速度，潜在增长率的逐渐降低导致实际增长转向中高速。因此，为了实现"十四五"规划和2035年远景目标纲要确定的GDP增长预期，分别进入高收入国家和中等发达国家行列，需要加快发展质量、效率和动力的变革，提高全要素生产率和劳动生产率。

我国经济发展也越来越受到需求侧的制约。国际金融危机以后，世界经济陷入长期停滞，新冠肺炎疫情大流行凸显供应链的脆弱，一些国家出现民粹主义、保护主义等政策倾向，逆全球化趋势加剧，我国经济发展处于错综复杂的国际环境中。因此，实现高质量发展，要求构建以国内大循环为主体、国内国际双循环相互促进的新发展格局，以扩大内需为战略基点，特别是增强消费对经济发展的基础性作用，实现国内国际供给需求的良性循环。

在高质量发展前提下扩大居民消费，必须在以下方面作出更大的努力。首先，在保持与经济增长同步的条件下提高人民收入水平。在2021年至2035年期间年均增长率约需达到4.75%，人均居民可支配收入以基本相同的速度增长，就可以使人民生活分别达到与发展阶段相对应的水平。其次，通过三次分配途径实质性缩小收入差距。根据经济合作与发展组织国家的经验，把基尼系数降低到0.4以下，最终要借助再分配手段。我国既要充分利用初次分配缩小收入差距的巨大空间，也要加大再分配力度。

尽力而为和量力而行的统一

坚持在高质量发展中促进共同富裕，可以确保尽力而为和量力而行两个原则的有机统一。如果没有生产率持续提高和经济合理增长作为必要的物质基础，共享就成为无源之水、无米之炊，背离了量力而行的原则，共同富裕目标也难以实现。比如，一些国家往往作出过多的福利承诺，对于保持合理的经济增长却无能为力，结果作出的承诺都只是空头支票。

国家、社会和个人都必须树立共享发展理念，通过尽力而为和有所作为同时实现做大"蛋糕"和分好"蛋糕"。国际经验教训表明，经济增长和生产率的提高，都不会自然而然产生所谓的"涓流效应"，做大"蛋糕"并不必然保证能够分好"蛋糕"。一些发达的市场经济国家笃信涓流经济学这一新自由主义理念，没有在再分配方面作出足够的政策努力，导致收入差距扩大、贫富两极分化并形成难以逾越的鸿沟，及至造成政治分裂和社会冲突。

共同富裕是中国特色社会主义的本质特征，尽力而为和量力而行有机统一是促进共同富裕的重要原则。坚持这个原则有利于全面运用初次分配、再分配和三次分配这三个有效手段，通过深化改革促进共同富裕，把社会各方面的积极性和创新精神引导到共享发展的轨道上来。三个领域既有形式上的差别，更有内涵和目标的相同与相通，把相关手段统一在促进共同富裕目标之下，加快实现居民收入均衡增长、城乡基本公共服务充分覆盖、高质量供给满足人民日益增长的美好生活需要。

《经济日报》（2021年10月11日　10版）

结合经济社会发展规律理解"先富共富论"

贾 康

中央财经委员会第十次会议指出,"改革开放后,我们党深刻总结正反两方面历史经验,认识到贫穷不是社会主义,打破传统体制束缚,允许一部分人、一部分地区先富起来,推动解放和发展社会生产力",并且强调,"要坚持基本经济制度,立足社会主义初级阶段,坚持'两个毫不动摇',坚持公有制为主体、多种所有制经济共同发展,允许一部分人先富起来,先富带后富、帮后富,重点鼓励辛勤劳动、合法经营、敢于创业的致富带头人"。

中国共产党领导中国人民在改革开放新时期取得了一系列举世瞩目的发展成就,目前已经实现了第一个百年奋斗目标,在中华大地上全面建成了小康社会,人均国民收入达到 1 万美元以上。按世界银行现行标准,这一水平已属于全球中等收入经济体的上半区水平。这一致富的过程,是按照允许一部分人、一部分地区先富起来的路径展开的。那么,为什么要按照这样的路径来实施呢?这需要结合经济社会发展规律来认识和理解。改革开放之初,作为"改革开放总设计师"的邓小平同志就言简意赅地指出,"贫穷不是社会主义",所以,要体现社会主义的优越性,一定要抓住发展这个硬道理不动摇，按照党的基本路线，以经济建设为中心，在解放生产力中使广大人民群众富裕起来——由温饱到小康，再使人均国民收入等主要指标上升到发达国家水平，实现中华民族伟大复兴。为实现这一宏伟的现代化战略目标，邓小平同志明确提出，"一部分地区、一部分人可以先富起来，带动和帮助其他地区、其他的人，逐步达到共同富裕""我的一贯主张是，让一部分人、一部分地区先富起来，大原则是共同富裕"。这一发展思路，也被人们简称为"先富共富论"。

之所以有这样的发展思路与政策方针，从根本上讲，是基于我们党对经济社会发展规律的深刻认识和正确把握。人类社会经济发展中，不同社会成员和不同区域间收入和财富水平提升的过程，从来都是有先有后、差异化的。造成这种差异化的原因，从个体来说，既有辛勤程度、理想动机等主观原因，也有天赋条件、历史机遇等客观原因；从区域来说，则是由于自然、地理、资源条件方面和历史、发展阶段方面的多种因素带来的。中国在改革开放之初，人均国民收入位于全球最低水平组别，继续实施平均主义的分配政策，已完全不适应"三步走"发展战略的客观要求；而作为世界第一人口大国，全体人民居住在发展差异极为显著的不同区域，想使全体人民齐头并进走向共同富裕缺乏可能性。因此，允许一部分人、一部分地区先富起来，直观地看，就是要打破因袭多年的平均主义老框架，鼓励和激发人民群众和各个区域争先恐后致富发展。这是深刻洞悉经济发展客观规律，以优化分配政策呼应体制机制改革的可操作方案。从经济学理论研究视角看，库兹涅兹首先提出收入分配、财产分配的"倒U曲线"，即发展过程中，经济较不发达的前半段收入差距扩大，到达一定发达程度后，收入差距会趋于缩小。虽然理论界对于收入差距是否可以在发展的后半程自动实现反转一直有争议，但对前半程的差距拉大，却存在基本共识。《21世纪资本论》作者皮凯蒂以实证材料分析总结，从百年以上的时间跨度看，资本要素在经济发展中获得的收益水平高于劳动要素，从长期看收入差距必然呈扩大趋势。上述两种认识，都从学术角度佐证：以欠发达状态为起点追求经济起飞，承认一定时期内收入分配差距会扩大，允许一部分人、一部分地区先富起来，是合乎学理的、必然的选择。这也启示我们，对于如何以"先富"带动而实现"共富"，又如何掌握由"先富"而达到"共富"的转变过程，合乎逻辑的政策思维，是在"倒U曲线"爬坡时，适当加入合理的调节措施，使之不那么陡峭，防止"两极分化"。这是走向现代化的中国需要注重的一个历史性命题。改革开放40多年来的发展实践雄辩地证明，我们党实行的允许一部分人、一部分地区先富起来的方针政策，有力地促进了破除平均主义大锅饭、富民兴邦的进程，是创造举世瞩目的"中国奇迹"的重要支撑。并且，由于统领这一发展过程的"大原则""大方向"是共同富裕，我国在改革开放后启动了西部大开发，使较发达的先富地区转过头来支持欠发达地区；其后又有新农村建设、乡村振兴和健全完善社会保障体系、深化财税改革、脱贫攻坚等一系列重大举措，使全体社会成员"富起来"，成功实现全面小康；在党中央围绕"促进共同富裕"作出战略部署的推动下，我国有望以"先富"为基础更有效地调节收入差距加快"共富"进程，进而更好满足人民美好生活需要，最终实现建成社会主义现代化强国的宏伟目标。

《经济日报》（2021年10月11日　10版）

深刻把握共同富裕的科学内涵

曹江秋

习近平总书记强调,"实现共同富裕不仅是经济问题,而且是关系党的执政基础的重大政治问题""我们必须把促进全体人民共同富裕摆在更加重要的位置,脚踏实地、久久为功,向着这个目标更加积极有为地进行努力"。习近平总书记关于共同富裕的一系列重要论述,丰富和发展了马克思主义理论,是对中国共产党人带领全体人民实现共同富裕奋斗目标的当代探索与实践。站在新阶段的历史新起点,我们必须全面准确地理解和把握共同富裕的深刻内涵,更好满足人民群众的共同期盼,推动全体人民共同富裕取得更为明显的实质性进展。

(一)

实现人的自由而全面的发展,是贯穿马克思主义始终的理论主题和奋斗目标。《共产党宣言》明确指出,无产阶级的运动是绝大多数人的、为绝大多数人谋利益的独立的运动。共产党人"没有任何同整个无产阶级的利益不同的利益"。共同富裕是马克思、恩格斯所设想的未来社会的重要特征。

实现共同富裕,是我们党矢志不渝的奋斗目标。中国共产党的百年奋斗史,也是党团结带领人民为美好生活长期奋斗、追求全体人民共同富裕的百年探索史。新中国成立之初,毛泽东就提出了我国发展富强的目标,指出"这个富,是共同的富,这个强,是共同的强,大家都有份"。改革开放后,邓小平多次强调共同富裕,指出"社会主义不是少数人富起来、大多数人穷,不是那个样子。社会主义最大的优越性就是共同富裕,这是体现社会主义本质的一个东西"。在改革开放中,我们党从实际出发,允许一部分人、一部分地区先富起来,通过先富带动后富,激发各方面活力,解放和发展社会生产力,为实现共同富裕奠定雄厚物质基础。党的十八大以来,以习近平同志为核心的党中央把逐步实现全体人民共同富裕摆在更加重要的位置上,采取有力措施保障和改善民生,打赢脱贫攻坚战,全面建成小康社会,为促进共同富裕创造了良好条件。我们正在向第二个百年奋斗目标迈进,适应我国社会主要矛盾的变化,更好满足人民日益增长的美好生活需要,必须把促进全体人民共同富裕作为为人民谋幸福的着力点,不断夯实党长期执政基础。

(二)

共同富裕具有鲜明的时代特征和中国特色,共同富裕的内涵包括以下几个方面。

共同富裕是"共同"与"富裕"的有机统一。共同富裕首先是富裕,这是前提,也是基础。富裕是以一定的生产力发展为基础,没有生产力的高度发达,就没有社会物质财富的极大丰富和精神财富的不断积累，就无法实现全体人民的共同富裕。共同富裕是全体人民共同的富裕，是大家都有份的富裕，是"一个也不能掉队"的富裕。贫穷不是社会主义，少数人富裕、多数人贫穷不是社会主义，两极分化也不是社会主义，只有共同的富裕才是社会主义。"共同"是全体人民对于财富的占有方式，是相对于两极分化而言的；"富裕"是全体人民对于财富的占有程度，是相对于贫穷而言的。"共同"和"富裕"是有机统一的、不可分割的。

共同富裕是共建共享的富裕。共同富裕需要全体人民辛勤劳动和团结互助，人人参与、人人尽力，共同担负起推动经济社会发展的责任。共享要建立在共建基础上，没有全体人民的辛勤劳动，也就无法创造更多的物质财富，更没有可供共享的成果。共享是中国特色社会主义的本质要求，必须坚持发展为了人民、发展依靠人民、发展成果由人民共享，作出更有效的制度安排，使全体人民在共建共享发展中有更多获得感，增强发展动力，增进人民团结，朝着共同富裕的方向稳步前进。

共同富裕是全民富裕、全面富裕。共同富裕不是少数人的富裕，而是全体人民的共同富裕，是全体人民共享改革发展成果，过上幸福美好的生活。共同富裕是全面的富裕，既包括物质上的生活富裕富足，也包括精神上的自信自强，还包括环境宜居宜业、社会和谐和睦、公共服务普及普惠等。

共同富裕不是没有差别的同步富裕。就每个劳动者来说，他们的智力、体力和技能不同，所获得的收入也不一样，不可能同步实现共同富裕。就每个地区来说，各地区经济社会发展条件和基础不同，也不可能同步实现共同富裕。在推进共同富裕过程中，要允许一部分人先富起来，先富带后富、帮后富，最终实现共同富裕的目标。

（三）

促进共同富裕，是一项复杂的系统工程，具有全体性、全面性、参与性、发展性和阶段性等特征，我们要对共同富裕面临的风险挑战有充分的估计，也要对实现共同富裕的长期性、艰巨性、复杂性有充分的估计。

要坚持党的全面领导，充分发挥党总揽全局、协调各方的领导核心作用，把党的政治优势和制度优势转化为促进共同富裕的强大动力和坚强保障。要坚持和完善社会主义基本经济制度，坚持公有制主体地位不能动摇，国有经济主导作用不能动摇，这是保证我国各族人民共享发展成果的制度性保证，也是巩固党的执政地位、坚持我国社会主义制度的重要保证。要坚持以人民为中心，做大做优"蛋糕"，始终把满足人民对美好生活的新期待作为发展的出发点和落脚点，同时也要"分好蛋糕"，正确处理效率和公平的关系，构建初次分配、再分配、三次分配协调配套的基础性制度安排，加大税收、社保、转移支付等调节力度并提高精准性，扩大中等收入群体比重，增加低收入群体收入，合理调节高收入，取缔非法收入，形成中间大、两头小的橄榄型分配结构，促进社会公平正义，促进人的全面发展，使全体人民朝着共同富裕目标扎实迈进。要坚持高质量发展，以创新发展解决影响国民经济发展的"卡脖子"问题，以协调发展解决发展不平衡不充分的问题，以绿色发展推动形成人与自然和谐共生的良好格局，以开放发展提升共同富裕的水平，以共享发展提高共同富裕的质量，把推动高质量发展同满足人民美好生活需要紧密结合起来，补短板、兜底线，让人民群众真真切切感受到共同富裕是看得见、摸得着、真实可感的事实。

总之，促进全体人民共同富裕是一项长期任务，也是一项现实工作。进入新发展阶段，我们要在全面准确理解共同富裕深刻内涵的基础上，不断增进人民福祉，朝着正确方向不断前行，一步一步、久久为功，在实践探索中扎实推动共同富裕，从而更好绘就亿万人民幸福生活的美好图景。

《经济日报》（2021年11月15日　11版）

发挥基本公共服务兜底和赋能双重作用

刘 旭 顾 严

习近平总书记高度重视基本公共服务，强调要"保障基本公共服务有效供给"，多次部署基本公共服务均等化有关工作。党的十九届五中全会把"全体人民共同富裕取得更为明显的实质性进展"作为2035年国民经济和社会发展远景目标之一，并将"基本公共服务实现均等化"作为远景目标的重要内容。中央财经委员会第十次会议也把促进基本公共服务均等化作为扎实推动共同富裕的重要任务。基本公共服务被赋予了新的、更加重要的使命，对于促进全体人民共同富裕具有兜底和赋能的双重作用，基本公共服务均等化是实现共同富裕的坚实基础和关键环节。

基本公共服务均等化是实现共同富裕的内在要求

实现共同富裕不仅是经济问题，而且是关系党的执政基础的重大政治问题。《中共中央国务院关于支持浙江高质量发展建设共同富裕示范区的意见》强调，共同富裕具有鲜明的时代特征和中国特色，是全体人民通过辛勤劳动和相互帮助，普遍达到生活富裕富足、精神自信自强、环境宜居宜业、社会和谐和睦、公共服务普及普惠，实现人的全面发展和社会全面进步，共享改革发展成果和幸福美好生活。公共服务普及普惠是共同富裕的一个重要方面。按照需求层次和供给职责不同，公共服务可划分为基本公共服务和非基本公共服务两个大类。其中，基本公共服务是由政府主导、保障全体人民生存和发展基本需要、与经济社会发展水平相适应的公共服务，可以发挥兜底和赋能的双重作用，在促进全体人民共同富裕中具有举足轻重的地位。

民生是人民幸福之基、社会和谐之本。兜住民生底线是坚持以人民为中心的发展思想的基本要求，基本公共服务可以看作是保障和改善民生的一张基础安全网。从兜底的角度看，在先富带动后富的进程中，有一部分社会成员由于所处的自然环境恶劣、所依托的资源匮乏、自身或家人存在重病重残等特殊困难，有可能难以跟上经济发展的步伐，但他们最基本的生存发展权益应该得到保障。这时，基本公共服务中的最低生活保障、特困人员供养、临时救助等，就要担负起兜底保障的责任，确保这部分群体也能有立命之本和安身之所。从赋能的角度看，加大教育培训和卫生健康支出是人力资本形成的重要途径，是提升人们致富能力的基础所在。一方面，义务教育、职业技能培训等基本公共服务提供了人人可以享有的学习机会，让发展型人力资本更广泛积累。另一方面，健康水平是生存型和发展型人力资本的重要内容，提升健康水平离不开完善的医疗卫生服务。无论是孕产妇健康服务，还是覆盖全民的公共卫生服务以及基本医疗保险等，这些公共服务有利于全方位全周期守护人民健康，改善人民健康状况，提高我国人力资本水平。

还要看到，按照党的十九大部署，全国到2035年要基本实现基本公共服务均等化，到本世纪中叶要基本实现全体人民共同富裕，前者比后者要早15年左右。对于浙江这个示范区，到2025年基本公共服务要实现均等化，到2035年要基本实现共同富裕，前者要比后者早10年。从这个意义上说，基本公共服务均等化不仅是实现共同富裕的内在要求，也是必须先行完成的重要目标。

基本公共服务在促进共同富裕的实践中作出重要贡献

共同富裕是社会主义的本质要求，是人民群众的共同期盼。改革开放以来，通过允许一部分人、一部分地区先富起来，先富带后富，极大解放和发展了社会生产力，人民生活水平不断提高，同时社会大局始终保持稳定。一个重要原因，就是社会保障这一具有基本公共服务性质的制度在不断健全。其中，最低生活保障、基本养老和医疗保险、专项社会救助等有力维护了社会公平，同时也为经济持续发展创造了良好的社会环境。另一个重要原因，就是不断完善的基本公共服务促进了人力资本积累。特别是义务教育快速普及、就业培训广泛开展等，造就了以产业工人为代表、规模宏大、素质合格的劳动者大军，为国民经济发展作出了令人瞩目的贡献。

党的十八大以来，我国基本公共服务水平有了很大提升，为改善民生提供了坚实保障，也为经济发展提供了有力支撑。一方面，基本公共服务的兜底保障不断加强。我国社会保障制度体系逐步完善，覆盖范围不断扩大，保障水平稳步提高，管理服务优化规范，建成了世界上规模最大的社会保障体系，基本医疗保险覆盖超过13亿人，基本养老保险覆盖近10亿人，特别是特困人员救助供养实现城乡统筹，残疾人"两项补贴"制度从无到有，切实增强了人民群众的获得感、幸福感和安全感。另一方面，基本公共服务的赋能效应持续发挥。比如，义务教育入学率、巩固率持续提高，优质均衡发展态势明显；"十三五"时期，累计开展政府补贴性培训近1亿人次，显著提升了劳动力就业技能；面对突如其来的新冠肺炎疫情，公共卫生体系发挥出重要作用，有力维护人民生命安全和身体健康。

习近平总书记在庆祝中国共产党成立100周年大会上庄严宣告，我们实现了第一个百年奋斗目标，在中华大地上全面建成了小康社会，历史性地解决了绝对贫困问题。在脱贫攻坚中，基本公共服务兜底和赋能的效应更为凸显。兜底方面，通过社会保障兜底一批，实现了基本养老保险、基本医疗保险、大病保险的贫困人口全覆盖以及最低生活保障的应保尽保，为如期全面建成小康社会、扎实推进共同富裕奠定了坚实基础。赋能方面，通过发展教育脱贫一批，切实解决了义务教育学生因贫失学辍学问题，使贫困地区义务教育质量稳步提升；加大公共就业创业服务、职业技能培训补贴等力度，促进了就业扶贫覆盖面的扩大，赋予了建档立卡贫困户家庭自我发展能力，进而为脱贫后进一步迈向共同富裕积累了宝贵的人力资本。

以基本公共服务均等化持续推动共同富裕取得新进展

共同富裕是全体人民的富裕，是人民群众物质生活和精神生活都富裕。中央财经委员会第十次会议明确提出，要促进基本公共服务均等化，加大普惠性人力资本投入，完善养老和医疗保障体系、兜底救助体系、住房供应和保障体系。这为以基本公共服务均等化持续推动共同富裕取得新进展指明了方向。

第一，着眼发挥兜底作用，增强发展平衡性，在高质量发展中促进共同富裕。对于低收入群体和需要帮扶的重点人群，要通过社会保障、转移支付等手段，以兜底性的基本公共服务为载体提供切实保障。一是要健全养老保险制度体系，促进基本养老保险基金长期平衡，逐步提高城乡居民基础养老金标准，促进老年人收入和生活水平合理提升。二是要健全残疾人帮扶制度，帮助残疾人普遍参加基本医疗和养老保险，动态调整"两项补贴"，决不让残疾人在共同富裕中掉队。三是要优化社会救助和慈善制度，通过再分配和三次分配，健全基本生活救助和医疗、教育、住房等专项救助制度，更好扶助城乡低保对象、特殊困难人员和低收入家庭。

第二，着眼发挥赋能作用，不断提升人力资本，为人民增强致富能力创造良好条件。"十四五"规划和2035年远景目标纲要提出，要把提升国民素质放在突出重要位置，构建高质量的教育体系和全方位全周期的健康体系，优化人口结构，拓展人口质量红利，提升人力资本水平和人的全面发展能力。在这一过程中，巩固义务教育基本均衡成果，推动义务教育优质均衡发展和城乡一体化，推进基本公共教育均等化，能够为实现共同富裕进一步夯实人力资本基础；健全终身技能培训制度，增强职业技术教育适应性，持续大规模开展职业技能培训，可以全面提升劳动者的就业创业能力，进而增强发展能力。还要看到，健康也是人力资本的重要方面，要深入实施健康中国行动，完善国民健康促进政策，织牢国家公共卫生防护网，为人民提供全方位全生命周期健康服务，进一步夯实增进民生福祉的健康基石。

此外，还要着眼加强农村基本公共服务，促进农民农村共同富裕。在乡村振兴中发挥好基本公共服务兜底和赋能的双重作用，要巩固拓展社会保障兜底一批、发展教育脱贫一批等成果，完善农村社会保障和救助制度，增加农村教育、医疗等服务供给，为农民致富创造更有利条件。

总之，实现共同富裕具有长期性、艰巨性、复杂性，基本公共服务均等化也不可能一蹴而就。必须尽力而为、量力而行，在经济发展和财力可持续的基础上，因地制宜探索有效路径，及时总结并逐步推开有益经验，让基本公共服务促进共同富裕的积极效应有序释放。

《经济日报》（2021年11月15日　11版）

构建橄榄型分配结构

上海市习近平新时代中国特色社会主义思想研究中心

习近平总书记强调，共同富裕是社会主义的本质要求，是中国式现代化的重要特征，要坚持以人民为中心的发展思想，在高质量发展中促进共同富裕。中央财经委员会第十次会议指出，要扩大中等收入群体比重，增加低收入群体收入，合理调节高收入，取缔非法收入，形成中间大、两头小的橄榄型分配结构。这些重要论述指明了实现共同富裕的重要抓手，对于我国在新发展阶段努力扩大中等收入群体、构建橄榄型分配结构、推动全体人民共同富裕取得更为明显的实质性进展，具有十分重要的意义。

收入分配制度是经济社会发展中一项带有根本性、基础性的制度安排，是社会主义市场经济体制的重要基石。所谓"橄榄型分配结构"，是指高收入群体和低收入群体比较少，而中等收入群体占绝大多数的一种社会群体收入分配结构，其"中间大、两头小"的形状与橄榄相似。一般认为，橄榄型分配结构是一种比较理想的现代社会分配结构。总的来看，扩大中等收入群体，逐步形成橄榄型分配结构，具有重要的社会功能，有利于增强经济发展活力，有利于促进社会和谐稳定，更有利于增进民生福祉、维护人民利益。

构建橄榄型分配结构是一项艰巨复杂的系统工程，不可能一蹴而就。目前我国已形成了世界上人口最多的中等收入群体，形成了与基本国情、发展阶段基本适应的收入分配结构。同时，不可否认的是，收入分配领域仍存在一些亟待解决的突出问题，比如，城乡、区域、行业之间收入差距依然较大，收入分配秩序不够规范，隐性收入、非法收入问题比较突出，部分群众生活仍然比较困难等。根据战略安排，2020年到2035年是我国由中高收入阶段迈进高收入阶段的关键时期，为了实现居民收入增长和经济增长同步、劳动报酬提高和劳动生产率提高同步，逐步形成橄榄型分配结构，扎实推进共同富裕，应着重处理好以下三个方面的关系：

一是要处理好初次分配、再分配、三次分配的关系。构建橄榄型分配结构，首先要正确处理效率和公平的关系，在基础性制度安排上做好初次分配、再分配、三次分配的协调配套。这三种分配制度各有功能优势，互为补充。初次分配就是国民收入直接与生产要素相联系的一种分配，注重"效率"，既要坚持按劳分配，维护劳动收入在分配中的主体地位，又要健全资本、技术、管理等其他生产要素按贡献参与分配的机制，创造机会公平的竞争环境；再分配更加注重"公平"，主要由政府主导，以税收、社会保障、转移支付等为主要手段，在各收入群体之间对要素收入进行再次调节，在较大程度上缩小居民收入分配差距；三次分配则更加强调"责任"，主要是在自愿基础上，以募集、捐赠和资助等慈善、公益方式对社会资源和社会财富进行的再分配。在社会发展的不同阶段，三种分配的占比会发生变化。随着经济发展水平的不断提高，再分配和三次分配占比会逐渐增加，但总的来说，三次分配都只是对初次分配和再分配的有益补充。我国进入新发展阶段，要进一步深入改革和完善收入分配制度，积极推动公益和慈善事业的发展，建立健全公益和慈善机构、企业和高收入群体回报、奉献社会的激励机制，鼓励其在三次分配中积极发挥作用。

二是要处理好高收入群体、中等收入群体、低收入群体的关系。构建橄榄型分配结构，要通过差别化的引导和激励政策来缩小群体之间的收入差距。其中，扩大中等收入群体规模是关键，增加低收入群体收入是基础，规范和调节高收入是抓手。扩大中等收入群体规模，要抓住高校和职业院校毕业生、技能型劳动者、农民工等重点对象，改善居民收入结构，多渠道增加收入，特别是要提高高校、职业院校毕业生就业匹配度和劳动参与率，提高技能型人才的待遇水平和社会地位，实施高素质农民培育计划，创造条件推动更多低收入人群迈入中等收入行列；增加低收入群体收入，主要是提高劳动报酬，培育新兴产业和服务业，拓展新的就业渠道，并通过加大人力资本投入，提高低收入者的职业素质、就业能力，以实现更充分更高质量的就业；规范和调节高收入，不是要搞整齐划一的平均主义，而是强调整顿收入分配秩序，依法保护合法收入，合理调节过高收入，清理规范不合理收入，坚决取缔非法收入，鼓励高收入人群和企业更多回报社会。

三是要处理好城乡、区域、行业间的收入分配关系。城乡、区域、行业发展不平衡不充分是制约我国经济发展和实现共同富裕的主要因素。缩小城乡居民收入差距，重点是要坚持在巩固脱贫攻坚成果的基础上全面推进乡村振兴，加强农村基础设施和公共服务体系建设，建立健全促进农民收入较快增长的长效机制，加大强农惠农富农政策力度，多渠道增加城乡居民财产性收入，提高农民土地增值收益分享比例。缩小区域居民收入差距，应加大对中西部地区的扶持力度，特别是对一些刚脱贫摘帽的集中连片地区要继续大幅度增加财政专项扶持资金，加大以工代赈力度，深化东西部对口协作，因地制宜，结合当地资源禀赋和自身特点，增强其致富能力。缩小行业工资收入差距，主要是强化行业发展的协调性，加强行业工资水平的监督和管理。总的来看，要立足于制度创新和加快体制改革，切实缩小城乡、区域、行业之间的收入差距，努力形成中间大、两头小的橄榄型分配结构，推动全体人民共同富裕取得更为明显的实质性进展。

（执笔：杜玉华）

《经济日报》（2021年11月05日　11版）

促进共同富裕为什么必须坚持
以人民为中心的发展思想

韩庆祥

今年 2 月 25 日,习近平总书记在全国脱贫攻坚总结表彰大会上的讲话指出:"坚持以人民为中心的发展思想,坚定不移走共同富裕道路。"习近平总书记关于坚持以人民为中心的发展思想和促进共同富裕关系的重要论述,大含细入,使人倾耳注目。

践行以人民为中心的发展思想,是党的十八届五中全会首次提出来的。以人民为中心的发展思想不是一个抽象玄奥的概念,不能只停留在口头上、止步于思想中,而要体现在经济社会发展各环节、全过程。当今,尤其要体现在促进共同富裕上,使全体人民共同富裕取得更为明显的实质性进展。

促进共同富裕的目的是为了谁

促进共同富裕的目的,是为了使人民过上美好生活。马克思主义就是关于人类解放、无产阶级解放和个人全面发展的理论。马克思、恩格斯所创立的理论,要而言之,就是为实现人类解放、无产阶级解放，促进每个人自由而全面发展。青年时期，马克思就立志为人民幸福而工作。在《青年在选择职业时的考虑》这篇中学毕业论文中，马克思开心见诚地指出："人只有为自己同时代人的完善，为他们的幸福而工作，他才达到自身的完善"，"如果选择了最能为人类而工作的职业，那么，重担就不能把我们压倒，因为这是为大家作出的牺牲；那时我们所享受的就不是可怜的、有限的、自私的乐趣，我们的幸福将属于千百万人"。这是马克思的由衷之言。在标志马克思主义问世的《共产党宣言》中，马克思、恩格斯更是掷地有声："无产阶级的运动是绝大多数人的、为绝大多数人谋利益的独立的运动"，在未来社会，"生产将以所有的人富裕为目的"。马克思砥志研思、澄思寂虑，毕生致力于研究资本占有劳动并控制社会的逻辑，写出了《资本论》，目的就是致力于解放无产阶级，使劳动人民过上幸福生活。

社会主义的本质内涵之一，就是最终达到共同富裕。社会主义具有原体规定、关系规定和过程规定。作为过程规定，它是一个历史概念，应放在历史发展过程来理解。马克思、恩格斯那个时代，科学社会主义就是关于实现无产阶级解放条件的理论。在我国社会主义初级阶段，社会主义的本质，就是解放生产力，发展生产力，消灭剥削，消除两极分化，最终达到共同富裕。达到共同富裕，蕴含在社会主义内在本质之中。坚持以人民为中心的发展思想，强调实现共同富裕，是社会主义的本质要求。

人民对美好生活的向往，就是中国共产党人的奋斗目标。"治国之道，富民为始。"中国共产党人秉持的本心，就是实现全体人民共同富裕，使人民过上美好生活。党的十九大报告把人民日益增长的美好生活需要同不平衡不充分的发展之间的矛盾，确定为社会主要矛盾。在《习近平谈治国理政》第三卷，习近平总书记强调，以前我们要解决"有没有"的问题，现在则要解决"好不好"的问题。这里的"好不好"，包含是否实现共同富裕。显然，以习近平同志为核心的党中央治国理政所解决的根本问题之一，就是实现共同富裕，使人民过上美好生活，并将其看作"国之大者"。习近平总书记强调："带领人民创造幸福生活，是我们党始终不渝的奋斗目标。我们要顺应人民群众对美好生活的向往，坚持以人民为中心的发展思想"，"使改革发展成果更多更公平惠及全体人民，朝着实现全体人民共同富裕的目标稳步迈进"。

促进共同富裕依靠谁

促进共同富裕必须依靠全体人民共同团结奋斗。从理论逻辑看，唯物史观的一条基本原理，就是强调人民群众是历史的主体和主人，是历史的创造者和推动者，是推动历史发展的根本力量。实现全体人民共同富裕，是中国特色社会主义建设的一个重要目标，也是全体人民共同的事业，离开人民群众，不仅中国特色社会主义伟大事业难以顺利推进，实现共同富裕也将是一句空话。这里，坚持以人民为中心与促进共同富裕，是形影相追的关系。

从历史逻辑看，中国革命、建设、改革的一条基本经验，就是办好中国的事情，关键在党，关键在人。这里的"人"，是指人民群众。人民群众是做好中国一切事情的主体承担者，离开党，离开广大人民群众，什么事情也干不成，实现共同富裕也是一句空话。实现共同富裕是我们党治国理政的一个目标。目标确定之后，领导干部、人民群众就是决定因素。在实现共同富裕过程中，要始终坚持人民主体地位，依靠广大人民群众的磅礴力量实现共同富裕。这里，坚持以人民为中心与促进共同富裕，是相互贯通的关系。

从实践逻辑看，实现共同富裕需要团结人民共同奋斗。幸福是奋斗出来的，实现共同富裕也是奋斗出来的。第一次分配在市场，主要看人民群众的努力奋斗、能力发挥和业绩贡献。让一部分人先富起来，一定意义上是从这个角度讲的。第二次分配在政府，主要看政府调节，其实质主要讲的是制度正义与人民奉献。今天，人们都在讲第三次分配，这次分配在社会，主要看社会道义与人民慈善。从三次分配中，尤其是第二次、第三次分配中，可以看到人民群众的团结奋斗、贡献奉献在促进共同富裕中的重要作用，离开人民群众的团结奋斗、贡献奉献，是不可能实现共同富裕的。这里，坚持以人民为中心与促进共同富裕，是相辅相成的关系。

应把什么作为衡量实现共同富裕成效的重要尺度

实现共同富裕成效的衡量尺度是人民群众的满意度。理论上，坚持以人民为中心，必须把群众满意度作为衡量实现共同富裕成效的重要尺度。以人民为中心有三层涵义，这就是：把人民当作目的，一切为了人民；把人民当作主体，一切依靠人民；把人民当作尺度，坚持人民至上。以人民为中心，就是"要坚持人民主体地位，顺应人民群众对美好生活的向往，不断实现好、维护好、发展好最广大人民根本利益，做到发展为了人民、发展依靠人民、发展成果由人民共享"。坚持人民至上，就是要把群众满意度作为衡量实现共同富裕成效的重要尺度，把实现好、维护好、发展好最广大人民根本利益作为实现共同富裕工作的出发点和落脚点。实践上，坚持以人民为中心，就要把人民群众的获得感、幸福感、安全感，作为评判实现共同富裕成效的根本标准。

规矩绳墨，人心如秤，民心是最大的政治。实现共同富裕不仅是经济问题，而且是关系民心进而关乎党的执政基础的重大政治问题。实现全体人民共同富裕，必将使我们党拥有不竭的力量源泉。只要始终坚持以人民为中心的发展思想，一张蓝图绘到底，就一定能够在推动全体人民共同富裕上取得实质性进展！

《经济日报》（2021年11月07日　01版）

扎实推进共同富裕取得更为明显的实质性进展

王昌林　贾若祥

共同富裕是社会主义的本质要求，是中国式现代化的重要特征，实现共同富裕不仅是经济问题，而且是关系党执政基础的重大政治问题。实现共同富裕是中国共产党初心使命所在，是广大人民群众共同期盼，要自觉主动缩小地区、城乡和收入差距，提供更加优质均衡的公共服务，从而实现高质量发展和高品质生活。

科学把握共同富裕的基本内涵和愿景目标

共同富裕是全体人民通过辛勤劳动和相互帮助，普遍达到生活富裕富足、精神自信自强、环境宜居宜业、社会和谐和睦、公共服务普及普惠，实现人的全面发展和社会全面进步，共享改革发展成果和幸福美好生活。

把握共同富裕的内涵必须从马克思历史唯物主义和中国特色社会主义出发。"富裕"是目的，代表了社会主义先进生产力，体现效率，重点解决发展不充分问题，目的是通过高质量发展实现社会财富"蛋糕"的最大化。"共同"是方式，体现了社会主义先进生产关系,彰显公平,重点解决地区、城乡、收入差距问题,目的是公平公正地分好社会财富"蛋糕",不断化解发展不平衡问题。因此,"共同富裕"是社会主义先进生产力和先进生产关系的有机组合,是社会主义制度优越性的重要体现,是中国式现代化的重要特征,具有鲜明的时代特征和中国特色。

"十四五"时期,我国将在共同富裕领域迈出重要步伐,到2035年,我国将在共同富裕领域取得更为明显的实质性进展,经济发展更加高质量,居民生活更加高品质,区域发展更加平衡,城乡发展更加协调,收入分配格局更加合理,公共服务更加优质均衡。

妥善处理促进共同富裕中的若干重大关系

处理好效率与公平的关系。促进共同富裕要注重效率,发挥市场配置资源的决定作用,通过有效市场提高全要素生产率,促进高质量发展,为实现共同富裕奠定扎实的物质基础。同时要注重公平,发挥有为政府的引导作用,建立科学的公共政策体系,形成人人享有的合理分配格局。

处理好发展与共享的关系。高质量发展是实现共同富裕的基石,实现共同富裕需要全民参与、全民共建,最终实现全民共享。坚持在发展中保障和改善民生,为人民提高受教育程度、增强发展能力创造更加普惠公平的条件,畅通向上流动通道,给更多人创造致富机会,形成人人参与、人人共享的发展环境。

处理好先富与后富的关系。促进共同富裕允许一部分人先富起来,重点鼓励辛勤劳动、合法经营、敢于创业的致富带头人,并不断完善先富带后富、帮后富的机制,深入实施东西部协作和对口支援，持续推进智力支援、产业支援、民生改善、文化教育支援，加强对欠发达地区帮扶，大力推进产业合作、消费帮扶和劳务协作，探索共建园区、飞地经济等利益共享模式。

处理好当前与长远的关系。坚持循序渐进，对共同富裕的长期性、艰巨性、复杂性有充分估计，既要遵循规律、积极有为，又不能脱离实际，要脚踏实地、久久为功，在实现现代化过程中不断地、逐步地实现共同富裕，同时鼓励各地因地制宜探索有效路径，总结经验，逐步推开，使共同富裕与经济发展阶段相适应、与现代化建设进程相协调，不断形成推动共同富裕的阶段性、标志性成果。

扎实推进共同富裕取得更为明显的实质性进展

以实现更加充分更高质量就业为抓手，着力提高居民收入。坚持经济发展就业导向，完善高校毕业生、农民工等重点群体就业支持体系，建立促进创业带动就业、多渠道灵活就业机制，支持和规范发展新就业形态，健全就业公共服务体系，着力缓解结构性就业矛盾。提高劳动报酬在初次分配中的比重，健全工资合理增长和支付保障机制，完善按要素分配政策制度，多渠道增加城乡居民财产性收入，提高农民土地增值收益分享比例。

以实施创新驱动战略为抓手，着力提高实体经济发展质量。把科技自立自强作为国家发展的战略支撑，深入实施创新驱动发展战略，完善国家创新体系，加快建立现代产业体系，不断提高经济、科技的整体实力和国际竞争力，在数字化变革中抢占先机，坚定不移提高实体经济质量效益。毫不动摇地巩固和发展公有制经济，毫不动摇地鼓励、支持、引导非公有制经济发展，不断破除制约高质量发展的体制机制障碍，持续增强发展动力和活力。

以实施区域协调发展战略为抓手，着力缩小地区差距。立足各地区比较优势，因地制宜推进高质量发展，在高质量发展中实现高水平的平衡。推进西部大开发形成新格局，实施一批重大生态工程，强化开放大通道建设。推动东北振兴取得新突破，增强维护国家国防、粮食、生态、能源、产业安全能力，大力发展民营经济。开创中部地区崛起新局面，做大做强先进制造业，积极承接新兴产业布局和转移。推动东部地区率先实现高质量发展，加快培育世界级先进制造业集群，率先建立全方位开放型经济体系，支持浙江高质量发展建设共同富裕示范区。完善先富帮后富的帮扶机制，坚持东西部协作和对口支援，深化东北与东部地区对口合作，完善对革命老区、边境地区、生态退化地区、资源型地区和老工业基地等精准支持政策，更好促进发达地区和欠发达地区共同发展。

以城乡融合为抓手，着力缩小城乡差距。统筹推进新型城镇化和乡村振兴战略，逐步破解城乡二元结构，促进城乡资源要素双向传导和平等交换，健全农业转移人口市民化机制，建立城市人才、工商资本、科技成果入乡激励机制，改革完善农村承包地制度。推动城市公共服务向乡村延伸，提升城乡基本公共服务均等化水平，实现城乡基础设施统一规划建设管护。

以壮大中等收入群体规模为抓手，着力缩小收入差距。实施扩大中等收入群体行动计划，以高校和职业院校毕业生、技能型劳动者、农民工等为重点，提高毕业生就业匹配度和劳动参与率，提高技能型人才待遇水平和社会地位，实施高素质农民培育计划，完善小微创业者扶持政策。履行好政府再分配调节职能，加大税收、社保、转移支付等调节力度和精准性，调节过高收入，取缔非法收入。

发挥慈善等社会公益事业的第三次分配作用，调动全社会力量济困扶弱，促进社会和谐。做好社会兜底救助，改进和提高社会保障水平，完善兜底保障标准动态调整机制，增强社会保障待遇和服务的公平性可及性。

以公共服务优质均等为抓手，着力提升共建共治共享水平。促进教育、医疗、养老、育幼等基本公共服务更加普惠均等可及，稳步提高保障标准和服务水平。适应人口城镇化新趋势，促进优质教育资源均衡布局，加快城镇学校扩容增位，改善偏远地区和乡镇学校办学条件和师资队伍。高度重视欠发达地区职业教育，大力培养技能型劳动力。以人口老龄化地区为重点，加快医养和养老设施建设，逐步提高城乡居民基础养老金标准。在欠发达地区农村率先实施学龄前儿童营养改善计划，完善农村留守儿童关爱服务体系。健全残疾人帮扶制度，提升残疾人保障发展能力。推动欠发达地区财政支出优先保障基本公共服务补短板。加大中央和省级财政对欠发达地区基层政府提供基本公共服务的财力支持，逐步缩小地区间常住人口人均财政支出差异。

《经济日报》（2021年11月11日　03版）

以人民为中心推动共同富裕

曹 普

党的十八大以来,习近平总书记站在坚持和发展中国特色社会主义战略全局的高度,深刻把握社会主义本质,就扎实推动共同富裕发表一系列重要讲话,回答了新时代促进共同富裕的一系列根本性、方向性问题,为逐步实现全体人民共同富裕提供了科学指引。习近平总书记对扎实推动共同富裕的重要论述,成为习近平经济思想的重要组成部分。

共同富裕是社会主义的本质要求

共同富裕,是马克思主义的重要追求,是社会主义区别于资本主义的重要标志,从质的规定性上体现着中国特色社会主义的优越性。

中国共产党自成立之日起,就矢志不渝为实现共同富裕而奋斗。新民主主义革命时期,我们党团结带领广大农民"打土豪、分田地",实行"耕者有其田",为摆脱贫困、实现共同富裕创造了条件。新中国成立后,毛泽东强调:"现在我们实行这么一种制度,这么一种计划，是可以一年一年走向更富更强的，一年一年可以看到更富更强些。而这个富，是共同的富，这个强，是共同的强，大家都有份。"改革开放后，邓小平将共同富裕纳入社会主义本质的范畴，指出"社会主义不是少数人富起来、大多数人穷，不是那个样子""社会主义最大的优越性就是共同富裕，这是体现社会主义本质的一个东西"。在改革开放和现代化建设实践中，我们党坚持从实际出发，允许一部分人、一部分地区先富起来，通过先富带动后富，激发各方面活力，不断解放和发展社会生产力，实现了人民生活从温饱不足到总体小康、奔向全面小康的历史性跨越，为促进共同富裕奠定了雄厚物质基础。

中国特色社会主义进入新时代，推动共同富裕历史性地站到了新的起点上。面对人民对美好生活的新期待，习近平总书记就科学认识、扎实推动共同富裕，提出了一系列极具理论性、政治性、针对性的新思想、新观点、新战略、新要求。习近平总书记明确提出"人民对美好生活的向往，就是我们的奋斗目标"，强调要"坚定不移走共同富裕的道路"。

以习近平同志为核心的党中央把团结带领全体人民实现共同富裕置于重要位置，向国内外作出了郑重宣示。党的十九大对实现第二个百年奋斗目标作出了"两步走"的战略安排：到2035年，全体人民共同富裕迈出坚实步伐；到本世纪中叶，全体人民共同富裕基本实现。一系列决策部署，描绘了实现全体人民共同富裕的宏伟蓝图，这既是我们开拓前进必须完成的重大任务，也是我们党顺应人民愿望、把握历史主动的必然选择。

在庆祝中国共产党成立100周年大会上，习近平总书记深刻揭示了我们党过去为什么能够成功、未来怎样才能继续成功的根本原因，强调"着力解决发展不平衡不充分问题和人民群众急难愁盼问题，推动人的全面发展、全体人民共同富裕取得更为明显的实质性进展"。习近平总书记在中央财经委员会第十次会议上发表重要讲话强调，共同富裕是社会主义的本质要求，是中国式现代化的重要特征，要坚持以人民为中心的发展思想，在高质量发展中促进共同富裕。

习近平总书记的一系列重要论述，丰富和发展了我们党对促进共同富裕的规律性认识，是新时代扎实推动共同富裕的根本遵循。

我国已经到了扎实推动共同富裕的历史阶段

我们党不仅把共同富裕作为价值理念来追求，而且将其作为实践课题来推进，锲而不舍努力兑现对人民的承诺。

在一代代中国共产党人接续奋斗的基础上，党的十八大以来，面对错综复杂的国际形势、艰巨繁重的国内改革发展稳定任务，以习近平同志为核心的党中央统筹中华民族伟大复兴战略全局和世界百年未有之大变局，深入实施区域协调发展战略，采取有力措施保障和改善民生，如期打赢脱贫攻坚战，全面建成小康社会，党和国家事业取得历史性成就、发生历史性变革，为促进共同富裕创造了良好条件。

现在，我们已经到了扎实推动共同富裕的历史阶段。我国经济实力、科技实力、综合国力大幅度跃升，实现全体人民共同富裕的物质基础更加坚实；脱贫攻坚战取得全面胜利，困扰中华民族几千年的绝对贫困问题一去不复返，实现共同富裕迈出坚实的一大步；全面建成小康社会，是我们在推动共同富裕道路上取得的又一重大标志性成果，充分彰显了中国特色社会主义制度的巨大优越性，进一步激发、增强了全党全国人民实现共同富裕的信念信心。

全面建成小康社会、开启全面建设社会主义现代化国家新征程，在我国社会主义现代化建设进程中具有里程碑意义。全面建设社会主义现代化国家的过程，在一定意义上说，也是扎实推动共同富裕的过程，两者应同向、同步推进。一方面，经过改革开放40多年的奋斗，我国综合国力显著增强，人民生活的质量水平都有了很大提高，但发展的不平衡不充分问题突出，城乡区域发展和收入分配差距较大，需要通过推动高质量发展、完善民生保障制度、推动形成公平合理的收入分配格局等，加快补齐目前存在的突出短板。另一方面，当今世界，一些国家贫富分化等问题突出，面对复杂多变的外部环境，我们党需以更大的决心、更有力的措施推动共同富裕，维护社会和谐稳定。

我们推动的共同富裕，具有鲜明的时代特征和中国特色，是全体人民通过辛勤劳动和相互帮助，普遍达到生活富裕富足、精神自信自强、环境宜居宜业、社会和谐和睦、公共服务普及普惠，实现人的全面发展和社会全面进步，共享改革发展成果和幸福美好生活。这种共同富裕是全体人民共同富裕，是人民群众物质生活和精神生活都富裕，不是少数人的富裕，也不是整齐划一的平均主义。习近平总书记特别指出，"像全面建成小康社会一样，全体人民共同富裕是一个总体概念，是对全社会而言的""这是一个在动态中向前发展的过程"。还要看到，实现14亿人共同富裕，不是所有人都同时富裕，也不是所有地区同时达到一个富裕水准，不同人群不仅实现富裕的程度有高有低，时间上也会有先有后。

推动共同富裕取得更为明显的实质性进展

习近平总书记以马克思主义政治家、理论家、战略家、实干家的深邃远见和使命担当，精心谋划，统筹部署，为推动实现共同富裕确立了基本原则、总体思路，提出了一系列重大举措。

明确分阶段促进共同富裕的目标要求。到"十四五"末，全体人民共同富裕迈出坚实步伐，居民收入和实际消费水平差距逐步缩小。到2035年，全体人民共同富裕取得更为明显的实质性进展，基本公共服务实现均等化。到本世纪中叶，全体人民共同富裕基本实现，居民收入和实际消费水平差距缩小到合理区间。这一战略谋划，完整勾勒了促进全体人民共同富裕的时间表、路线图，既体现了历史发展的延续性、连贯性，又顺应了新时代人民群众不断增长的美好生活需要。

确立促进共同富裕必须把握好的基本原则。必须坚持党的全面领导，坚持以人民为中心的发展思想。与此同时，还需坚持以下原则：一是鼓励勤劳创新致富，把推动高质量发展放在首位，为人民提高受教育程度、增强发展能力创造更加普惠公平的条件，提升全社会人力资本和专业技能，提高就业创业能力，增强致富本领，畅通向上流动通道，给更多人创造致富机会；二是坚持社会主义基本经济制度，社会主义市场经济体制等社会主义基本经济制度既有利于激发各类市场主体活力、解放和发展社会生产力，又有利于促进效率和公平有机统一、不断实现共同富裕；三是尽力而为量力而行，既要建立科学的公共政策体系，把"蛋糕"分好，让人民群众有更多获得感，又要看到我国发展水平离发达国家还有较大差距，要把保障和改善民生建立在经济发展和财力可持续的基础之上；四是坚持循序渐进，要有战略定力和耐心，从我国处于并将长期处于社会主义初级阶段、仍然是世界上最大的发展中国家的实际国情出发，稳扎稳打、步步为营，实打实地一件事一件事办好。

确定扎实推动共同富裕的总的思路。总的思路是，坚持以人民为中心的发展思想，在高质量发展中促进共同富裕，正确处理效率和公平的关系，构建初次分配、再分配、三次分配协调配套的基础性制度安排，加大税收、社保、转移支付等调节力度并提高精准性，扩大中等收入群体比重，增加低收入群体收入，合理调节高收入，取缔非法收入，形成中间大、两头小的橄榄型分配结构，促进社会公平正义，促进人的全面发展，使全体人民朝着共同富裕目标扎实迈进。这一总的思路阐明了推动共同富裕的根本立场、实践要求、政策选择、价值依归等重大问题，为新阶段扎实推动共同富裕提供了方向和路径指引。

提出在高质量发展中促进共同富裕的一系列重大举措。包括提高发展的平衡性、协调性、包容性，着力扩大中等收入群体规模，促进基本公共服务均等化，加强对高收入的规范和调节，促进人民精神生活共同富裕，促进农民农村共同富裕等。

发展为了人民，这是马克思主义政治经济学的根本立场。习近平总书记对扎实推动共同富裕的一系列重要论述，为推动全体人民共同富裕取得更为明显的实质性进展提供了遵循。新的征程上，必须以习近平经济思想为指导，坚持以人民为中心的发展思想，准确把握新发展阶段，深入贯彻新发展理念，加快构建新发展格局，紧扣新时代我国社会主要矛盾变化，不断夯实党长期执政的基础，推动全体人民共同富裕取得更为明显的实质性进展。

《经济日报》（2021年11月15日 10版）

全方位夯实共同富裕的基础

孔伟艳

近年来，我国积极推进教育、就业、医疗、养老、社保等基本公共服务均等化，满足人民在不同阶段对学有所教、劳有所得、病有所医、老有所养等方面的需要，夯实了共同富裕的基础。

基本公共教育服务普惠、均衡、普及、增效，共同富裕的人力资源发展壮大。我国一般公共预算教育支出逐年增长，2020年实现了普惠性幼儿园占比80.24%，九年义务教育巩固率95.2%。为了共同富裕路上不让一个人掉队，为符合条件的学生提供普惠性学前教育资助、农村义务教育学生营养改善、普通高中和中等职业教育国家助学金等，着力解决农业转移人口随迁子女教育等问题。人力资本素质大幅提高，2020年全国劳动年龄人口平均受教育年限达10.8年，新增劳动力53.5%受过高等教育。

基本劳动就业创业服务持续完善、效果明显，共同富裕的收入来源更加稳定。我国大力促进就业创业，提供基本公共就业、创业与职业技能培训和鉴定服务，为高校毕业生和青年开展大中城市联合招聘服务，对贫困劳动力实施就业援助，2020年帮助4.9万户零就业家庭实现每户至少一人就业。劳动保障更加有力，工伤保险积极推进,工伤预防和工伤康复试点成效显著;失业保险支持企业稳岗补贴政策有序实施,2020年失业保险金月人均水平1506元。今年前三季度,城镇新增就业、城镇失业人员再就业、就业困难人员就业人数达1045万人、412万人、130万人。

基本医疗卫生服务健全体系、减轻负担,共同富裕的健康基础不断夯实。我国实施健康中国战略,实现了人人享有基本医疗卫生服务。医疗卫生服务体系逐步健全,基层医疗卫生机构标准化建设加快推进,多地建成"15分钟健康服务圈",2015年至2020年,每千人口医疗卫生机构床位数和每千农村人口乡镇卫生院床位数从5.11张、1.24张增至6.46张、1.50张,每千人口拥有执业(助理)医师数从2.22人增至2.90人。国家基本公共卫生服务项目覆盖14亿人口。随着统一的城乡居民基本医疗保险制度基本建立,城乡居民大病保险制度全面实施,生育保险与基本医疗保险合并实施,个人医疗负担逐步减轻,职工和城乡居民基本医疗保险政策范围内住院费用基金支付比例2020年为85.2%和70%,个人现金卫生支出占卫生总费用比重从2015年的29.27%降至2020年的27.65%。

养老服务增量提质、多维发展,共同富裕的民心工程行稳致远。我国将积极应对人口老龄化上升为国家战略。实施社会服务兜底工程,推进养老服务体系建设和普惠养老城企联动专项建设,开展了五批203个居家和社区养老服务改革试点与两批90个国家级医养结合试点,积极构建居家社区机构相协调、医养康养相结合的养老服务体系。截至2020年底,全国共有两证齐全的医养结合机构5857家,超过90%的养老机构以不同形式为入住老年人提供医疗卫生服务。养老物质保障不断完善,基本养老保险参保人数达10.21亿人,截至2020年底,共为3853.7万老年人提供高龄补贴、养老服务补贴、护理补贴、综合老龄补贴等不同形式的老年人补贴。老年人精神共同富裕持续推进，老年教育与老年人文体活动广泛开展，截至2020年底，全国各级各类老年大学（学校、学习点）达8万多所（个），注册学员1400多万人；省级老年开放大学29所。以上这些民心工程的实施，在各个方面体现出了老有所养、老有所乐的生动局面。

《经济日报》（2021年11月27日　09版）

城乡融合推动共同富裕

孙长学　刘晓萍

"治国之道，富民为始"。共同富裕是包括5亿多农村居民在内的全体人民的期盼和梦想。促进共同富裕，最艰巨最繁重的任务仍然在农村。"十四五"时期要把城乡融合发展作为促进农民农村共同富裕的主阵地，在城乡融合发展中扎实推动共同富裕。

共同富裕目标对城乡融合发展提出新要求。党的十九届五中全会明确提出共同富裕目标，到2035年人均国内生产总值达到中等发达国家水平，中等收入群体显著扩大，基本公共服务实现均等化，城乡区域发展差距和居民生活水平差距显著缩小……人民生活更加美好，人的全面发展、全体人民共同富裕取得更为明显的实质性进展。实现全体人民共同富裕被赋予了城乡融合发展新内涵。

共同富裕明确了城乡融合发展新目标。在共同富裕导向下，推动城乡发展从低水平不平衡到高质量相对平衡，重点解决城乡差距、行业差距、城乡居民生活水平差距；有效扩大中等收入群体，特别是帮助农村低收入群体进入中等收入群体行列；不断推进农业转移人口市民化，持续提升基本公共服务均等化水平，城乡居民生活品质差异得到实质性改善。力争城乡居民收入比到2035年降至2∶1

左右乃至更低，发达地区降至 1.6∶1 左右甚至更好，中等收入群体占比提高到 50% 以上，基本公共服务实现均等化。

当前要把城乡融合发展作为共同富裕的攻坚部位，加快补齐农民农村共同富裕短板。党中央、国务院高度重视城乡融合发展，健全城乡融合发展体制机制和政策体系。以 11 个国家城乡融合发展试验区为突破口，推动城乡融合发展不断取得新进展，为共同富裕创造了良好条件。城乡居民人均可支配收入比从 2011 年的 3.13∶1 稳步下降到 2020 年的 2.56∶1。浙江省作为建设共同富裕示范区的省域，2020 年城乡居民收入比为 1.96∶1，嘉兴市甚至缩小到 1.61∶1。但城乡居民收入差距缩小出现波动，今年前三季度，全国城镇居民人均可支配收入为 3.6 万元，农村居民人均可支配收入为 1.4 万元，城乡居民人均可支配收入比较 2020 年有所回弹，缩小幅度也低于上年水平，说明我国城乡收入差距缩小基础还不稳固。

当前，农民农村共同富裕尚有亟待补齐的短板弱项。农业转移人口市民化进程需要扎实推进，需要加快完善适应共同富裕要求的人口迁移制度、保障体系和基础设施。农民收入增长的长效机制需要进一步完善，特别是在常态化疫情防控情况下，需要不断创新完善农民增收渠道机制，农村产业高质量发展是农民农村共同富裕的根本支撑，但目前城乡产业协同发展存在短板，基本公共服务均等化进程需进一步加快。

围绕全体人民的共同富裕，要把农村居民作为共同富裕的重点目标群体，特别是帮助脱贫以后的群体同步实现共同富裕。围绕全面发展的共同富裕，推动农民农村不仅在物质条件上实现富裕，也要在精神生活等方面实现富裕。围绕共建共享共同富裕，帮助全体农村居民通过辛勤劳动实现共同富裕。围绕多样差异的共同富裕，不搞统一尺度，要在收入水平多样化、收入差距合理化基础上实现共同富裕。围绕渐进实现共同富裕，不搞齐步走，遵循规律，逐步助力农民农村实现共同富裕。

将共同富裕融入城乡融合发展政策，推动城乡居民基本权益平等化、城乡基本公共服务均等化、城乡居民收入均衡化、城乡要素配置合理化、城乡产业发展协同化"五化"联动。在制定实施促进共同富裕行动纲要中，更多纳入城乡融合发展政策。着力缩小城乡居民收入差距，让就业创业成为新时代农民农村共同富裕的主渠道，健全农村居民经营性收入增长机制，提高农村居民财产性收入，强化农民转移性收入保障机制。探索建立共同富裕高标准引领区、先行示范区、重点培育区、集中攻坚区，分级分类推进农民农村共同富裕。

《经济日报》（2021年11月29日 06版）

拓展阅读

勇当长三角一体化发展开路先锋

袁家军

长三角一体化发展是习近平总书记亲自谋划、亲自部署、亲自推动的重大国家战略。浙江全面贯彻落实总书记重要讲话精神,完整、准确、全面贯彻新发展理念,集中精力突破重点领域、重点区域和重点问题,形成了协同攻坚、滚动推进的良好态势,成为长三角一体化发展的重要参与者、积极推动者和直接受益者。

深刻领会习近平总书记关于长三角一体化发展的重要指示精神

习近平总书记高度关心、重视长三角一体化发展。去年8月20日,总书记主持召开扎实推进长三角一体化发展座谈会。总书记的系列重要讲话面向未来,把舵定向,为新发展阶段长三角一体化发展提供了根本遵循。从战略全局看,现在正处于"两个一百年"奋斗目标的历史交汇期,面临大变局大变革大事件和新发展阶段的新机遇新挑战,长三角一体化发展是催生新动能、激发新活力、打造新优势的重大举措;从战略使命看,中央赋予长三角"率先形成新发展格局、勇当我国科技和产业创新的开路先锋、加快打造改革开放新高地"三大新使命,向我们发出了新号令;从战略重点看,在上海带动下,苏浙皖各扬所长,以一体化的思路和举措打破行政壁垒、提高政策协同,让高端要素在长三角集聚、在更大范围畅通流动,形成引领整个长江经济带乃至全国高质量发展的重要动力源。

我们认真学习领会、努力把握精神要义,深入推动总书记重要讲话精神在中观、微观层面落实落细,全面落实《长江三角洲区域一体化发展规划纲要》,坚决做到"总书记有号令、中央有部署,浙江见行动"。一是部署忠实践行"八八战略"、奋力打造"重要窗口"、争创社会主义现代化先行省13项战略抓手和11个方面重点任务,扎实推动高质量发展建设共同富裕示范区8项创新性突破性重大举措。二是出台贯彻落实总书记重要讲话精神的26条措施,制定"十四五"时期推动长三角一体化发展实施计划,明确一体化创新、畅通、协调、开放、智治、美丽六大行动,提出106项具有"小切口、大牵引"的一体化事项。三是聚焦"三大新使命",打出三大科创高地、全球先进制造业基地、数字变革高地、国际一流营商环境等系列组合拳,全力打造国内大循环的战略支点、国内国际双循环的战略枢纽。四是探索构建协同落实新机制,创新工作专班推进、省市县联动、清单化管理、项目化推进机制,一方牵头、多方参与,建立重大政策、重大事项、重大项目清单,形成协同攻坚、滚动推进格局。

长三角一体化发展全面推进、成果丰硕

2018年,总书记在首届中国国际进口博览会上宣布长三角一体

化发展上升为国家战略。3年来,我们坚持全省域参与、全方位融入、体系化推进,以勇当开路先锋的姿态务实推进长三角一体化发展取得"硬核成果"。

一是率先推出健康码,迭代升级"源头查控+硬核隔离+精密智控"机制,推进传染病通报和调查处置信息交换共享,落实跨区域人员流调追溯管理,构筑"外防输入、内防反弹"有效防线,疫情联防联控成效明显。

二是着力推进产业链补链固链强链,共同组建长三角企业家联盟及新能源汽车等12条产业链联盟,长三角"感存算一体化"超级中试中心汇集中试设备超500台套、设备价值超55亿元,有效提升区域产业链稳定性和竞争力。

三是着力推进科创共同体建设,牵头联合承担国家重大科技项目79项,共建长三角科技资源开放共享平台,强化科技专家库共享,实现科创要素和成果高效流动。

四是着力推进城市群都市圈联动发展,唱好杭州、宁波"双城记",推动各市县探索省际毗邻区、产业合作区、创新飞地等合作模式,启动建设长三角"一地六县"产业合作区浙皖区块,加快建设未来社区,中心城市和城市群综合承载能力明显提升。

五是着力推进海港、陆港、空港、信息港"四港"联动发展,宁波舟山港货物吞吐量连续12年保持全球第一,浙江自贸试验区实现赋权扩区,油气"期现合作"取得突破,舟山片区保税燃料油加注量连续3年居全国第一,数字长三角、轨道上的长三角建设提质提速,全球资源配置能力显著增强。

六是着力推进绿色美丽长三角建设,共建长三角生态绿色一体化发展示范区,协同推进大运河文化带、宁杭生态经济带、杭黄生态廊道建设，联合做好长江"十年禁渔"工作，发布全国首个省级GEP核算标准，绿色底色更加亮丽。

七是着力推进政务服务一体化，105项政务服务事项实现长三角区域跨省通办，居民服务"一卡通"首批94项应用在"浙里办"上线，异地就医直接结算全域互联互通，群众获得感明显提升。

紧扣一体化、高质量两个关键，努力打造具有全球竞争力的长三角

进入新发展阶段、贯彻新发展理念、构建新发展格局，长三角一体化高质量发展开启了新征程。我们将深入学习贯彻习近平总书记重要讲话精神，把扎实推动高质量发展建设共同富裕示范区与推进长三角一体化发展有机结合起来，加快打造长三角创新发展增长极、世界级城市群金南翼、幸福美丽大花园、改革开放引领区，形成一批浙江特色的"金名片"，共同打造具有全球竞争力的长三角。

一是加快打造全球数字变革高地。全面推进数字化改革，加快建设一体化智能化公共数据平台，着力抓好党政机关整体智治、数字政府、数字经济、数字社会和数字法治五大综合应用建设，推动治理体系和治理能力现代化。加快建设数字自贸区，深化自由贸易试验区联动发展，重塑国际合作和竞争新优势，力争到2025年数字经济增加值占GDP比重达到60%左右。

二是全力建设"互联网+"、生命健康、新材料三大科创高地。支持之江实验室等参与国家实验室体系建设，深化产业链补链固链强链行动，加快培育"链主型"企业，完善创新创业生态系统，打造若干世界级新兴产业集群，力争到2025年基本形成新型实验室体系，全社会R&D经费支出占GDP比重达3.3%，科技进步贡献率超过70%。

三是大力推进大湾区大花园大通道大都区建设。坚持省域"一盘棋"发展，突出"一湾引领、两翼提升、四极辐射、全域美丽"，持续优化省域发展空间布局，推进高端产业、高能级平台、引领性项目向浙江大湾区集聚，建设油气全产业链、数字贸易中心、世界级产业集群。

四是扎实推动全面绿色低碳转型。系统推进碳达峰、碳中和工作，全面推进能源、工业、建筑、交通、农业、居民生活等重点领域绿色低碳转型，深入推进治水治气治土治废治塑，力争到2025年绿色低碳循环发展的经济体系初步形成，全面完成国家下达的目标任务。

五是扎实推动共同富裕。以解决地区差距、城乡差距、收入差距问题为主攻方向，突出科技创新数字变革、山区跨越式高质量发展、农民农村共同富裕、"扩中""提低"改革、健全为民办实事长效机制、打造精神文明高地、建设共同富裕现代化基本单元等，率先在推动共同富裕方面实现理论创新、实践创新、制度创新、文化创新，不断提升群众获得感幸福感安全感满意度。

《经济日报》（2021年11月11日 01版）

乡村运营激活山乡经济

——"共同富裕看浙江"之一

黄平 柳文

车出杭州,南行约1小时,便是富春江畔的桐庐。

溯芦茨溪而上至蟹坑口,再转青龙坞,一家充满想象力的创意生活一体店,让人眼前一亮。"谁能想到这样的山坞里,会有全国各地的游客专门跑来发呆、拍照。"芦茨村党委书记方祖春的介绍,幽默中透着骄傲。

原来,通过旧房流转、整体招商,芦茨村被专业文创团队打造成"乡村艺术化试验场",胶囊旅馆、创意书房、雅致餐厅等融入土墙、青砖、原木,过去"卖炭为生"的穷乡村,如今通过"乡村运营"成了远近闻名的"网红村"。2020年以来,全村接待游客超过198万人次,村民人均可支配收入达到7.8万元。

芦茨村的变迁,正是浙江以乡村振兴为起笔,率先探索共同富裕之路的缩影。

位于杭州城西的临安区最早提出"村落景区"概念,开始探索市场化运营模式,将乡村资源优势、生态优势转化为经济优势、发展优势。石门村、大山村和龙上村相邻,首批被规划为"龙门秘境"景区。短短数月,环境整治、房屋外立面改造、旅游集散中心建设,一系列设施配套俱全,村庄面貌焕然一新。然而,单一的旅游业态、偏远的交通区位,没能吸引来多少游客。

改变始于临安区率先推出的"乡村运营"政策,一批土生土长的临安人受邀回乡当起了"乡村运营师"。临安区文化和广电旅游体育局副局长陈伟宏介绍,运营师和村集体自愿签约,双方组建合资公司,村委会管理村庄事务,运营师负责打造旅游产品、策划主题活动,形成具有一定盈利能力的乡村业态,最终收益按照公司股份分成。

娄敏是第一个入驻石门村的"乡村运营师"。为了充分盘活山水资源,形成产业链,激活山乡经济,她先后投入了3000多万元流转闲置农房和土地,打造"垄上行"民宿、菊花基地、高山蔬菜基地。不到3年时间,"龙门秘境"景区吸引长三角地区游客争相打卡,村集体经济收入平均达到15万元。

经过4年的探索实践,临安"乡村运营"名声在外,已有14家村落景区与运营商签约合作,完成落户项目53个。

而在富春江畔的桐庐,"乡村运营"带来的不单是乡村旅游,更探索出了乡村振兴、实现共同富裕的有效路径。

漫步在桐庐县芦茨村的"两山大道",一边是苍翠山坡下清澈的溪水,一边是一字排开的美丽民宿。

"我在这里开民宿已经8年了,村里的环境越来越美,周边景区建设也更加齐全,游客络绎不绝。""画中阁"民宿老板陈静敏笑着说,"守着家,一年收入就有10多万元。今年我准备增加房间数,在原先的民宿附近再开一家分店。"

在莪山畲族乡戴家山村，25岁的邵婕大学毕业后回到家乡，将家里两栋旧宅改造成了民宿。几年时间，戴家山从原来的"空心村"变成了全县精品民宿集群的"金名片"，而当地的"农民之家"创业服务社则以集体土地、管理用房等资源折价入股至民宿。邵婕的目标很清晰，就是让当地百姓既做"房东"又做"股东"。

桐庐民宿老板的"底气"，源于政府不断创新的产业模式。早在2015年，桐庐就率先在杭州推进民宿持证经营，申请领证条件包括经营用房、卫生安全、环境保护、食品安全等7个方面。桐庐农业农村局有关负责人表示，这一举措促使桐庐民宿产业走向规范化经营，并为今后的集聚式发展奠定了基础。

桐庐还先后出台4轮专项政策，用于支持和鼓励当地民宿产业发展。2017年，桐庐成为中国国际民宿发展论坛的永久举办地，进一步激发了当地民宿产业的潜力。

如今，桐庐共有民宿691家，民宿集聚村22个，精品特色民宿112家，逐步形成了以中高端为主、高中低兼具的特色化、差异化民宿发展格局。江南古村落、慢生活体验区、莪山戴家山、横村白云间等一批精品民宿集聚区应运而生。

随着乡村振兴进程的纵深发展，桐庐美丽乡村建设如火如荼。打造数字乡村和艺术乡村，拉长桐庐乡村旅游产业链，正在成为政府引导乡村运营的新方向，也是发展全域景区的新推手。在最近举行的世界5G大会行业应用创新论坛上，桐庐莪山畲族乡"5G示范应用第一乡"入选全国5G十大应用案例。5G技术的全区域覆盖，催生了数字应用新场景——全域景区大数据检测。在产业数字化的带动下，莪山乡全年接待游客超50万人次。

桐庐县委常委、宣传部长翁嫣认为，数字赋能是未来乡村振兴的必然选择。数字赋能不仅为农村百姓提供便利的网购服务，更重要的是实现了网货下乡、游客进村、农产品进城的双向打通。

眼下，桐庐正以民宿业为突破口，率先推出"民宿智脑"：来往游客只需扫描"民宿智脑——芦茨慢生活"二维码，"吃、住、行、游、购、娱"一键搞定，实现全方位"智服务"。

《经济日报》（2021年11月24日　02版）

美好生活触手可及

——"共同富裕看浙江"之二

黄 平 柳 文

"先刷身份证选择服务项目，再填写相关信息，最后打印社保参保信息就行。"10月23日晚上8点多，在浙江省湖州市德清县阜溪街道打工的吴晓琴走进24小时自助小屋，将身份证放在自助机上轻轻一刷，经人脸识别后，几分钟就办好了社保业务。

为了方便城乡群众办事，阜溪街道为辖区9个行政村（社区）配备了平板电脑、高拍仪等设备，通过"一网通办"系统进行收件、办件。"群众只需到村委会提交资料，不出村就可办理老年卡、社保及医保等相关业务。现在有了24小时自助小屋，下班时间同样能办理。"阜溪街道党工委委员刘雪英言语中透着自豪。

缩小城乡发展差距、实现共同富裕，不仅要看物质财富多少，还要看老百姓办事、医疗、交通、养老、教育等公共服务的便利水平。在湖州，无论是中心城区还是偏远山乡，基本做到了"发展同步，服务同质，管理同化"。

记者在湖州长兴县夹浦镇采访时，碰到市民王杰，他正抱着6

岁的儿子急匆匆地跑进镇卫生院。

"医生，我儿子右手小拇指肿痛得厉害，不知是怎么回事？"全科医生王英经过初步诊断，表示可能是骨折，需要拍片确定。

一听要拍片，王杰当即准备带儿子去县城医院。王英告诉他，拍片在镇卫生院就可以做，效果跟县里一样。拍片后大约20多分钟，县医共体集团影像会诊中心反馈的诊断结果显示：右手小拇指骨折。

王英告诉记者，以前乡镇卫生院技术弱，影像图像质量差，有时会出现误诊、漏诊。随着县里医共体集团影像会诊中心成立，这些问题都迎刃而解。乡镇卫生院拍完片后，具体读片、分析，都由县医共体集团影像会诊中心的专家完成。

"湖州在全国率先实现市域医共体全覆盖，基层医疗卫生机构可以'一键转诊''云上复诊'。"湖州市卫健委主任饶如锋介绍，湖州将全市划分为10个网格，组建8个县域医共体和2个城市医联体，实现市、县、乡、村一体化管理，将优质医疗资源"沉"到基层。

目前，湖州市等级公路、城乡公交、有线电视、电信宽带通村率均达100%；全市县（区）和乡镇全部达到省教育强县（区）、教育强镇标准；社区卫生服务体系实现全覆盖，农村居民基本上步行15分钟即可看病就医，覆盖城乡居民的社会养老保险制度全面建立。

"早在2015年，湖州就率先打破城乡二元户籍制度，此后推行的农地入市等城乡体制改革也走在全国前列。"湖州市委负责人告诉记者，这一轮城乡统筹，不仅仅是在项目、资金上进一步加大对接力度，更重要的是在公共服务方面加大城乡融合。

在安吉县，城乡统筹养老，让更多老人获益。早上7点，递铺街道赵家上村老人李光占准时来到村里的居家养老服务中心，刚踏进多功能室，就有志愿者上前搀扶他坐下。大约20分钟后，陆续有其他老人过来。

"每天这个点,服务中心就热闹起来了。"村委会工作人员余青萍介绍,居家养老服务中心是村里老人活动的主要公共场所。除了设立银发活动室、医务室、多功能室,配齐日常生活所需的桌椅、床位等生活设施,还为村里80岁以上老人提供中晚餐,定制科学健康的菜谱。

安吉将乡镇、街道示范型居家养老服务中心建设作为重点民生项目,实施专业化运营。目前,当地基本建立机构养老、居家社区养老、康养相结合的多层次服务体系,建成乡镇(街道)示范型居家养老服务中心15家,实现了城乡社区居家养老服务照料中心全覆盖,逐渐填补城乡居民养老服务水平差距。

为弥合城乡鸿沟、加速城乡融合,湖州市政府发布了建设共同富裕、缩小城乡差距的三年行动计划。根据行动计划,湖州把城市和乡村作为一个整体统筹谋划,重塑城乡关系、加速城乡融合,率先呈现共建共享、充满活力、差距进一步缩小的城乡关系新形态。

《经济日报》(2021年11月26日 10版)

光影交织兴产业

——"共同富裕看浙江"之三

柳文 黄平

地处浙江中部的东阳市横店影视城内,人潮涌动,热闹非凡。

记者走进影视城广州街上一处年代戏拍摄基地,剧组成员在不同的场景镜头前演绎,不时有游客驻足观赏、热情参与,嘶鸣声、打闹声不断。突然间,一队"骑兵"呼啸而来。

"这些马从哪来的啊?"有人好奇地问。很快,人群中冒出一个皮肤黝黑的中年人,兴奋地告诉游客:"马是我的。"

他叫史清学,被称为横店的"车马道具大王"。1995年,史清学从老家河南来到横店创业,通过为剧组提供道具赚取租赁费。当时,剧组在拍摄古装戏时,需大量古装道具,尤其缺少马匹。于是,他多方筹集资金,远赴内蒙古、东北等地购买优等马匹,精心训练后,供给剧组使用。现在,他已有100多匹马、约300辆老爷车,雇了六七十名员工。

史清学靠"招兵买马"走上了致富路。但那时老家不少乡亲的生活依然困顿,史清学始终惦念在心。在他带动下,2000多位河南老乡来到横店，有的在剧组干杂活，有的做起道具、摄影等生意，先后脱贫致富。"一人富不算富，一起富才是富。"面对未来，史清学充满干劲，他希望通过自己的不断努力，让更多人过上幸福生活。

全国各地的影视从业人员纷纷来横店追梦。当地注册群众演员超10万人，1.5万多名剧组人员、6000多名影视行业工匠、7600多名"横漂"演员长期在横店居住。

"横漂"纷至沓来，源自影视文化产业在横店聚沙成塔。1996年，为打造电影《鸦片战争》拍摄场景，横店投资兴建了首个影视拍摄基地——十九世纪南粤广州街，由此拉开影视文化产业发展序幕。此后，横店借势发力，陆续建成秦王宫、清明上河图、明清宫苑等30多个大型实景拍摄基地和100多座专业摄影棚，促进了国内影视文化产业发展。

2019年3月，横店影视文化产业集聚区成立，后又入选国家级文化产业示范园区。目前，集聚区吸引了1500余家影视企业入驻，涵盖拍摄、制作、发行、特效、经纪等全产业链，成为全国影视文化企业高度集中的地区。今年前9个月，横店影视文化产业集聚区实现总营收152.86亿元，同比增长34.3%；接待剧组325个，同比增长37.1%。

"有了影视文化产业集聚区，人才、资本等要素加速汇聚，带来更多影视文化资源、产生更高的经济效益。"东阳市委常委，横店影视文化产业集聚区党工委副书记、管委会常务副主任吴婉珍认为，影视产业成长壮大，既为"横漂"创造追梦机会，也让旅游等第三产业日益兴旺，会让越来越多的村民吃上"旅游饭"。

去年10月，横店镇尚伦庄村建起了摄影棚，主要用于剧组剧照拍摄、个人艺术照拍摄、短剧和短视频拍摄等。尚伦庄村党务负责人陈伟介绍:"摄影棚投入使用后,平均每月都有10多场拍摄活动。"

在影视文化产业集聚区带动下,横店第三产业蓬勃兴起,创造相关就业岗位近5万个,占横店镇劳动就业总数的53%。据统计,横店镇居民年人均收入2020年达到6.5万元。

村里产业兴起来,老百姓"钱袋子"也鼓了起来。"我一辈子都是农民,要做的就是为农民办好事。"横店集团创始人徐文荣说,自己一生做了4件事:造厂、造城、造景、造园,"其实,这是同一件事,就是为了让横店农民走上共同富裕道路,过上美好幸福的生活"。

美好幸福,既要"富口袋"也要"富脑袋"。在横店,一大批正能量影视作品如雨后春笋般涌现,给全国观众提供了源源不断的精神食粮,也滋养着当地老百姓的精神生活。

"电影《长津湖》的一些镜头就是在横店影视城及摄影棚取景的。"为剧组提供拍摄器材租赁的横店居民吕舜龙坦言,自己参与并见证这些高质量影视作品拍摄,本身就是接受爱国主义教育和精神洗礼,内心充满了力量。

吴婉珍告诉记者,为鼓励影视制作公司创作更多的正能量影视精品佳作,针对国家重点扶持的影视剧项目,重大革命历史题材影视剧、讴歌时代精神的主旋律作品,横店将给予更大力度的政策支持,扶持更多影视企业创作生产精品力作。在文化产业的繁荣中收获物质财富,在光影交织的故事里得到精神升华。

《经济日报》(2021年11月28日 02版)